1日1つ、手放すだけ。

好きなモノとスッキリ暮らす

みしぇる Michelle

マイナビ

はじめに

私の実家は山形にある禅寺です。お寺の本堂には、本当に必要なモノだけがきちんと整えられて置かれています。そこに流れる空気はいつも清らかで心地よく、子どものころはよく本堂でお昼寝をしたものでした。何もないその空間が、体も心もゆったりと休ませてくれたのです。

ところが、そんなモノの少ないスッキリとした空間のよさを知っていながら、若いときの私はとても散らかった部屋で暮らしていました。雑貨が大好き、１００円ショップが大好きで、学生寮の狭い部屋にはどんどんとモノが増えました。しかも片づけるのは苦手なので、部屋はごちゃごちゃに。恥ずかしくて友だちを呼ぶこともできず、寮の管理人さんに「こんな部屋は見たことがない！」とあきれられるほどでした。

大人になって結婚してからも、雑貨好きは相変わらず。それでも帰省して本堂で眠るたび、「自分の家を本堂のようにスッキリさせたい」という思いが強くなっていきました。そんな折、1つの事件が起こるのです。

夫が転勤族のためわが家は引っ越しが多いのですが、一度アメリカから日本へと引っ越してきたときに荷物が1ケ月届かなかったことがありました。大慌てで最低限のモノだけをそろえ、なんとかやりくり。ところが、その1ケ月が思いのほかラクで快適だったのです。もうアメリカからの荷物は届かなくていい、と思ったほどでした。ここから、私のモノを減らす日常が始まったのです。

たくさんのモノが家の中にあれば、その分管理は大変になります。自分に片づけの能力がない以上、解決するにはモノを減らすしかありません。とはいえ、いざ手放そうとすると、なかなかうまくいきませんでした。一度に大量のモノを手放すためには、時間と気力が必要です。それが私にとっては大変で、途中で投げ出してしまうこともたびたびありました。

そこで、ズボラな私でも無理なく続けられるよう「1日1つだけ手放す」と、ハードルを一番低く設定してみました。1日1つだけだから、時間は1分もかかりません。レシート1枚だけの日があってもいい。調子がいいときは、大きいモノを手放せることも。三日坊主の私でも、毎日続けることができ、少しずつモノが減るにつれ、暮らしも心もどんどんラクになっていくのが実感できました。

今の時代、便利そうなモノ、おしゃれになれそうなモノなど、魅力的にみえるモノは山ほどあります。けれど、それらをたくさん持っているほど、心地よく暮らせるというわけではありません。モノは本当に必要な適量があればいい。モノを減らしたおかげで、

1つひとつのモノをじっくりと味わい愛でる時間が生まれました。

禅の言葉には、「吾唯足知(われただたるをしる)」というものがあります。モノを減らすのは、実は捨てることに主眼があるわけではありません。持っているモノを大切に使うこと、そのモノで十分に足りていると気づくこと。そのために、使うことができていないモノを省くのです。

モノを減らせば、家、日々の暮らし、人生が軽やかになります。心地よい暮らしを始めるために、みなさんも1日1つ、手放していきませんか。

みしぇる

モノが少ない わが家をご紹介

Living room

みんなが集まる場所なので、「ここだけはいつもモノを少なくシンプルに」と最初に決めたのがリビングです。個人のモノはなるべく置かず、飾りも少しだけ。

Family data

家族構成はアメリカ人の夫、長男（11歳）、長女（9歳）、次男（6歳）、私の5人。転勤族で日本とアメリカの各所を渡り歩き、現在は神奈川県横浜市にある築30年の一戸建てに住んでいます。

Kitchen

窓があり光と風の通るキッチン。作業と管理のしやすさを優先し、ツールや器の数を絞りました。つねにモノを引き出しや棚にしまって、外に出さないようにしています。

Dining room

家族の食卓がここに。棚が２つ並んでいますが、中にはほとんどモノがありません。片方は主に、ブログや書籍に使う写真撮影の台として使用。

キッチンと食卓の動線上にあり、各自で朝食の支度ができるよう棚の上にトースターやコーヒーメーカーが。ここの机で私が仕事をしたり、子どもが宿題をしたり。

Entrance

何も置かず、ランドセルを背負った子どもたちが出入りしやすい玄関に。床に何もないと掃除がしやすいので、砂やホコリがたまらず、いい風を家に入れられます。

Part 1
モノの手放し方

モノを手放す理由

モノを手放すメリット

手放す方法

やってみよう！

Part 3 シンプルに考える

- 掲載されている情報は、取材時（2017 年 7 月）のものです。
- 掲載されている商品は、すべて著者の私物であり、どこで購入したかを記載しているものでも現在手に入らない場合があります。

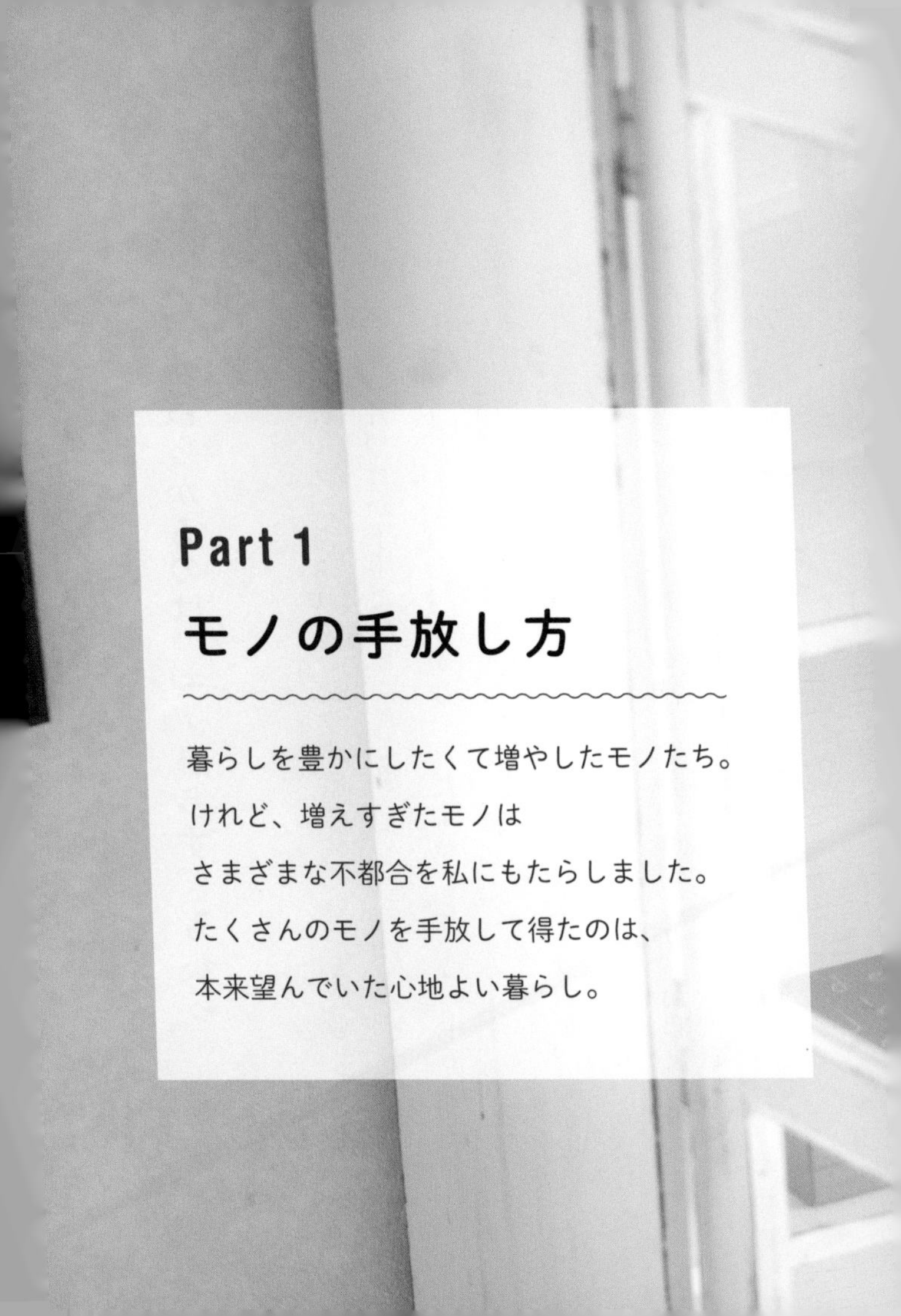

Part 1
モノの手放し方

暮らしを豊かにしたくて増やしたモノたち。
けれど、増えすぎたモノは
さまざまな不都合を私にもたらしました。
たくさんのモノを手放して得たのは、
本来望んでいた心地よい暮らし。

モノを手放す理由

家が散らかるのは、モノが多すぎるから

部屋にモノがあふれていた学生寮時代、いつも散らかっているのは「片づけが下手だから」だと思っていました。「どうせ私って片づけ下手だし、しょうがないんだよね」と、心の中でうっすらと自己嫌悪を抱えて暮らしていたのです。

ところが、アメリカ帰りで荷物のなかった1ケ月間、わが家はほとんど散らかることがありませんでした。モノが少ないためにクローゼットや引き出しの中にはゆとりがあり、出し戻しがしやすく、モノの定位置も明確。さほど努力をしなくても、軽やかに片づけができる環境でした。そもそも、散らかそうとしてもその

材料となるモノがほとんどありません。要するに、問題は自分というより「多すぎるモノ」にあったということ。そのことに初めて気がつきました。

さっそく物量を減らすため、折をみては不要なモノを手放していきました。まずは玄関、次にリビング、クローゼットと、空いた日を見つけてモノを除いていきます。けれど、暮らしがラクになったと感じるほどは、目立って物量は減りませんでした。

考えてみると、たまにいくつか取り除くモノの量より、毎日家に入ってくるモノの量のほうが多いのです。かばんの中に、ポストの中に、子どものランドセルに、モノは日々入り込んで家に居つきます。家の中からモノの量を減らすためには、毎日のようにモノを出す習慣が必要だと感じました。

こうして、毎日のようにモノを手放す暮らしにシフトしてみると、数ケ月後にようやくモノが減ったと実感できるようになりました。アメリカ帰りのときのモノの少なさほどではないにしろ、収納を工夫しなくても無理なく片づけられる「適量」にすることができたのでした。

片づけは、一度やったら終わりではありません。暮らしている限り、一生続くもの。改めてそう考えると気が遠くなりそうですが、モノを少なくすれば片づけはとてもシンプルで簡単になります。わが家では、毎晩寝る前に子どもたちと部屋を片づけてリセットしますが、かかる時間はたったの3分。モノを毎日負担なく片づけられる量に減らしたことで、暮らしのストレスが大きく軽減されました。

引き出しいっぱいにモノを入れる必要はありません。
これくらいが適量です。

1日1つ、何でもいいから手放すクセをつける
――何も捨てられない日は、レシートでもOK

モノをたくさん持ちすぎていると、部屋の中に何がどれくらいあるのかを把握しきれません。何がダブっているのか、どれが使わないモノなのか、パッと見て認識できず、捨てられるモノを判断できなくなってしまいます。そのため、クローゼットから一気にモノを減らそうとしても取りかかることさえできず、「今日はまぁいいや」となってしまったことがありました。

それとは逆に、持ち物を把握しないまま無理にたくさん捨ててしまい、「必要な服までなくなっちゃった」と後悔していた友人も。

最初からモノを一気に減らそうとするには、大きなエネルギーや

能力が必要なようです。

そこで、「1日に1つだけ、毎日捨てる」と決めてみました。腹筋でも、毎日20回×3セットなどと目標を決めると相当な努力が必要ですが、毎日1回ならラクに続けられそう。ハードルを低く、ズボラな自分でも習慣にできる設定にしてみたのです。

やり方はとても簡単で、「これは不要」というモノを1日に1つ捨てるだけ。捨てるモノが何も見つからない日は、財布の中のレシートでもOKです。始めた当初は「何を捨てよう」と悩む日もありましたが、3週間ほどで特に意識しなくても手放せるモノを見つけられるようになりました。そのうち見つけるのが楽しくなってきて、手放すモノに自然と手が伸びるように。モノが減るにつれ、自分の中から「捨てられない」という思い込みも薄れていきました。

頭で考えなくても体が勝手に動くようになれば習慣づけは成功です。習慣は一生続けられること。今でも自分のペースで、心地よい気分でモノを減らしています。禅の言葉の中に「時時勤払拭（じじにつとめてふっしきせよ）」というものがあります。毎日たまるものは後まわしにせず毎日拭い、払うこと。その積み重ねこそが人生であると説いています。

まずは財布の中のレシートだけでも！　初めから何か大きなモノを捨てようと頑張らなくても大丈夫。大切なのは捨てるクセを身につけることです。

モノを手放すメリット

掃除がラクになる

「片づけが苦手」なのと同様に、私は掃除も好きではありませんでした。以前の部屋には、床・棚・カウンターといったあらゆる面に、所狭しとモノが並んでいたからです。掃除のときにはいちいちそれらをどかす必要がありますし、モノ自体についたホコリもすべて拭かなくてはなりません。あまりに面倒で、負担が大きすぎたのです。

モノをなくしてみたら、掃除はなんの障害もなくサッと拭くだけになりました。ここでも問題だったのは、自分の能力や性格ではなく〝モノが多くて掃除の面倒な部屋〟そのものだと実感しました。

モノを減らして掃除をしやすい部屋にしてみると、汚れを見つけたときに見て見ぬふりをしなくなりました。気づいたときに、サッと拭いて終了。「やらなきゃ」と思う暇もありません。それまでは「何曜日の午前中は掃除機かけ」と気の重い義務感で掃除をしていましたが、気づいたときにやっておけばその仕事がなくなります。家じゅうをピカピカにしたいのなら改まった掃除時間が必要でしょうが、私はそこそこきれいならOK。ちょこちょこ掃除だけでも十分心地よくすごせます。

このちょこちょこ掃除で大切なのが、掃除道具をすぐ手に取れる場所に置いておくこと。わざわざ取りに行くというハードルをなくして、「サッと拭く」をより素早く！　食事の後は、テーブルのそばにあるコードレス掃除機で床をザッと掃除。歯磨き中に、洗面所にあるメラミンスポンジでザッと洗面台を掃除。暮らしの流れの中だけで、ほとんどの掃除が完了しています。

朝食後にザッと30秒ほど、汚れやすいテーブルまわりを掃除機がけ。家族の集まるリビングは、汚れているなと気づいたときにかけるようにしています。

どかすモノがなければ、幼い子どもでもラクラク。
遊び感覚で掃除のお手伝い。

時間にゆとりが生まれる

もしも1日が25時間だったら、増えた1時間で何をしますか？本を読もうか、テレビを見ようか、子どもとゆったりすごそうか……あぁ本当に、時間ほど貴重なものはありません。

雑多なモノで部屋があふれていたころは、家事・育児・仕事に追われて時間の余裕がまったくありませんでした。モノが多いために、何かをしようとしても必要なモノをパッと取れず探しまわったり、作業のための場所を空けたりと時間のロスがとても多かったのです。お皿洗い1つをとっても、とにかくスピード命。子どもとの時間も、急かしながら慌ただしくすぎていきました。

モノが少なくなってからは、どこに何があるのか把握できるようになり、探し物がなくなりました。部屋が片づくようになったので、モノをどかさなくても作業にスッと入れます。モノが多かったために奪われていた時間や手間がなくなり、1日の流れがとてもスムーズで効率的になりました。ただモノを減らしただけで時間にゆとりが生まれたのです。

スピード最優先だったお皿洗いは、落ち着いててていねいに、時に食器の柄を楽しみながらできるようになりました。まだまだお母さんと遊びたい年頃の次男とも、トランプやテーブル卓球を楽しんでいます。自分の時間も持てるようになり、ゆっくりお茶を飲みながらホッとひといき。念願だった暮らしのあれこれは、1日が24時間のままでも叶えられたのでした。

子どもたちと一緒に熱中しているテーブル卓球。
ほぼ毎日楽しんでいます。
ホロッピーの「ポータブル卓球ネットセット」。

暮らしと心にゆとりが生まれる

雑念とモノの量は比例すると言われています。部屋がモノであふれて、視界の中にいつも雑多なモノが入ってくる環境にいると、頭の中にまで本来は必要のない雑多な情報が「モヤモヤ」と留まってしまう感じがします。すると、「なんとなくせわしない」「いつも何かに追われている感じ」がしてくるのです。

汚部屋ですごしていたころはそんな雑念に追われ、自分は何が好きなのか、本当は何をしたいのかがまったくわかりませんでした。まるで霧の中にいるようで、心はいつもモヤモヤ、イライラ。そんなストレスを晴らしたくて、「かわいい」「安い」とどんどんモノを買っては増やす悪循環に陥っていました。

モノを減らし、スッキリとした部屋ですごすようになってからは、頭の中までスッキリと整理され、気持ちが落ち着きました。考え方も前向きになり、雑念にじゃまされて見えなかった本来の自分のありたい姿が見えてきました。それは「自分の人生にそれほどモノはいらない。スッキリとした空間で、家族とゆったり暮らしを楽しみたい」「暮らしについて思うことや工夫を発信していきたい」ということでした。

お寺のお坊さんは、雑然と散らかった場で修行をしません。禅寺で何よりも大切と教えられるのは、あたりを清めること。座禅より、朝ごはんより、まず掃除から行います。ヨガの教えでも、ポーズをとる前にまずあたりを清浄にすることから始まるそうです。散らかった場で雑念に惑わされず、心を静めるのは難しいことがこれらのことからもわかります。

家の中のモノを減らし、片づけやすい環境をつくることは、暮らしにゆとりをもたらすと同時に、心の中にもゆとりを生み出してくれる。そのゆとりが、本来の自分が歩みたい人生を明らかにし、実現に向けて動き出す礎となるのだと思います。

場を清め、心を静められる空間をつくります。

心と暮らしにゆとりが生まれ、「窓を開けて風を入れる」瞬間にも、
幸せを感じられるように。

放てば手に満てり

以前、山形でお話を聞いた住職さんに印象的なお言葉をいただきました。

「放てば手に満てり」

曹洞宗を開いた道元禅師のお言葉で、「執着しているモノを手放せば、自分にとって本当に大切なモノが手に入る」といった意味です。言われてみればそのとおりで、手に何かを握りしめている状態で、新たなモノをつかむことはできません。住職さんはお茶を手に持ってその説明をしてくれたがためにバシャーッとこぼしてしまい、場は大笑いになりました。おかげで、新たなモノを持つにはまず手の中のお茶を置かなくてはいけないと、より心に刻まれました。

実際の道元禅師のお言葉は、手に入るのは「自由の境地」であったり「本来の心」であったりと形のないモノに対して言われたものかもしれません。けれど私の実生活において、ずっと執着していたモノを手放してみたら、より自分にとって素晴らしいモノが手に入ってきたということが幾度もありました。古びた靴や使用頻度の少ない靴を手放してみたら、ずっと求めていたような靴が。モヤモヤする人間関係をやめてみたら、いい出会いが。モノを減らして棚に空間をつくると、いいモノが入ってくるという経験が一度ならずあるのです。

これはモノに限らず、仕事やイベントなどの「コト」にも当てはまる法則だと感じています。義務的に受けていた仕事の依頼を手放したら、よいお話が舞い込んできました。休日にいつも近場のモールですごしていたのをやめたら、少し遠いけれど大好きな葉山に行く頻度が上がり、プライベートビーチのような穴場を見つけたことも。家族は大喜びです。

住職さんも、大切なのは「循環させること」だと話してくれました。モノ、コト、お金、空気に至るまで、ため込んで流れを滞らせれば、よいモノゴトはまわってこないように思えます。

気に入っていた花瓶を割ってしまった直後、ずっと欲しかったけど手に入らなかったイイホシユミコさんのワイングラスを発見！　わが家では野の花を入れて愛でています。目に入るたびうれしい気持ちに。

玄関や窓を開け放ち、空気を入れ替えるところから朝が始まります。一晩わが家で停滞していた空気は外へ出し、澄んだ風と「いい気」を中へ。

手放す方法

手放すときはシンプルに考える

「モノを減らしてスッキリ暮らしたい」と思うとき、その後ろには「でも」が控えがちです。「でも、いつか使うと思うと捨てられない」「でも、高額だったからもったいない」「でも、これには思い出が詰まっている」といった心の中のストッパーたち。自分の中からこの声を探して拾ってしまうと、モノを手放すのは難しくなってきます。

けれど、あるとき気がつきました。「いつか使うかも」は未来に対しての心配。「高額だった」や「思い出が」は過去への振り返りです。どうなるかわからない未来と、戻ることはできない過去を重視するあまり、一番大切な「今」をおろそかにしてはいないだろうか、と。

大切なのは、今がどうであるか。今現在、モノが多くて掃除がしにくい、家事の効率が悪いと感じているのなら、未来や過去に惑わされずサクッと手放そう。「今、必要？　そうでもないな」というように、シンプルに考えて手放すようになりました。

「1日1捨て」を始めてからはなおさら、日を重ねるごとに、考え込まなくてもモノを手放せるようになりました。それは、そのモノが本当に必要なのか、それとも手放していいモノなのかを瞬時に判断できる感覚が磨かれたからだと思います。多すぎるモノにじゃまされて鈍っていた、直感と判断力が研ぎ澄まされてきました。

禅とは、「心の名前」と言われています。心が、知識や地位や思い込みにとらわれないように。自分の執着を捨て、固定観念や先入観の荷物を降ろし、自らが持って生まれたきれいな心で生きる。そのためにあるのが禅です。

「いつか使うかも」「使わないけどあれば便利」というのは、妄想や思い込みといった本来降ろしてしかるべき荷物なのかもしれません。モノを手放すのが「もったいないこと」「悪いこと」と感じるのならば、それもまた固定観念だと思います。そのモノによって心地のよい暮らしがじゃまされているのならば、一度手放し、気をつけるべきは「次に買うときにしっかり考え、ムダな買い物をしない」ことだと考えるようになりました。

美容院で「すごくいいので！」と渡されたシャンプーの試供品。帰ってよく見たところ、敏感肌の私には合わない可能性があったので、お気持ちだけ受け取り、すぐに手放しました。

手放した心地よさを味わい、自分を褒める

部屋がごちゃごちゃしていたときは、散らかった場所ばかりに意識が向いて「いやだな」「なんとかしなきゃな」とネガティブな気持ちになっていました。人間関係でもそうなのですが、一度相手のいやな部分を気にしだすと、そこばかりを見てしまいがちです。けれど、一転して長所に注目すると、関係もスムーズに。不思議なことに、家の中でも同じことを体験したのです。

ごちゃごちゃとした場所（短所）ではなく、家の中の好きな場所や、モノを減らしてスッキリした場所（長所）に意識を向けるようにしました。そしてその場の心地よさをしっかり味わっていたと

ころ、短所に対しても「向こうもこんなふうにスッキリさせたいな」とポジティブな気持ちで向き合えるようになったのです。向き合って片づけに取り組めば、スッキリとした場所が増えていきます。増えたスッキリ空間はまた、「快適だなぁ」「掃除がしやすくてうれしいな」とじっくり味わいます。心地よい空間は、この繰り返しで広がっていきました。

この「快適さを満喫する」ことを、「1日1捨て」のたびに実行していきます。モノを1つ手放したら、「もうこれのことを考えなくていいんだ」「スペースが空いた」「なんてラクなんだろう」と手放したメリットを噛みしめます。おかげで、モノが減り、暮らしがラクになったことが、日常に紛れることなく実感できています。

同時に、せっかくモノを減らせたのに「なんでこんなモノを今まで取っておいたんだろう」とネガティブに考えることもやめました。手放すことに成功したのだから、「やってよかった！」「私ってすごい」と、とことんポジティブに楽しむことに。そのプラス思考がさらに、モノを1つまた1つと減らし、スッキリを家じゅうに広げる力になってくれました。

出かけるとき、帰ってきたとき、
子どもたちを迎えるとき——
スッキリとした玄関であることを
感じて心が晴れやかになります。

先に外枠を決めてしまう

自分に適した物量は、減らすうちに「このあたり」とわかるときがきます。けれどひとまず、どこまで減らすかの目安が欲しいときには外枠を決めていました。例えば、書類はファイルに入る分だけ、靴下はかごに入る分だけ。とはいえ、その枠にぎっしりと入れてしまうのではなく、中身をすべて把握できて、出し入れがしやすい程度までと心がけています。

私は以前、無印良品のカードホルダーにポイントカードをどっさり持って歩いていました。けれど多すぎていざ使うときに探すのが大変。荷物も増えてしまいます。そこで、ホルダーの中身を半分（カード18枚分）切り取って容量を制限してみました。カードを探しやすくなり、身軽さが増したことは言うまでもありません。「カードはホルダーに収まる分だけ」と外枠を決めたことにより、カードを持つ際のルールも生まれました。持っていいのは、最低でも週に一度は使うカードだけ。そのほか5枚までなら、お気に入りショップのカードを入れていいことに。「モノがあふれたから、収納アイテムを足して対処する」という思考だと、モノは増え続け、生活スペースを圧迫します。むしろ外枠を小さめに定め、入る量でまわしてみたらちょうどよかったという経験が何度もありました。収納スペースを小さくし、家具や収納用品を手放していくと、部屋にはゆとりが生まれます。それにより私が手にしたのは、「モノのための部屋」ではなく、「人のための部屋」でした。

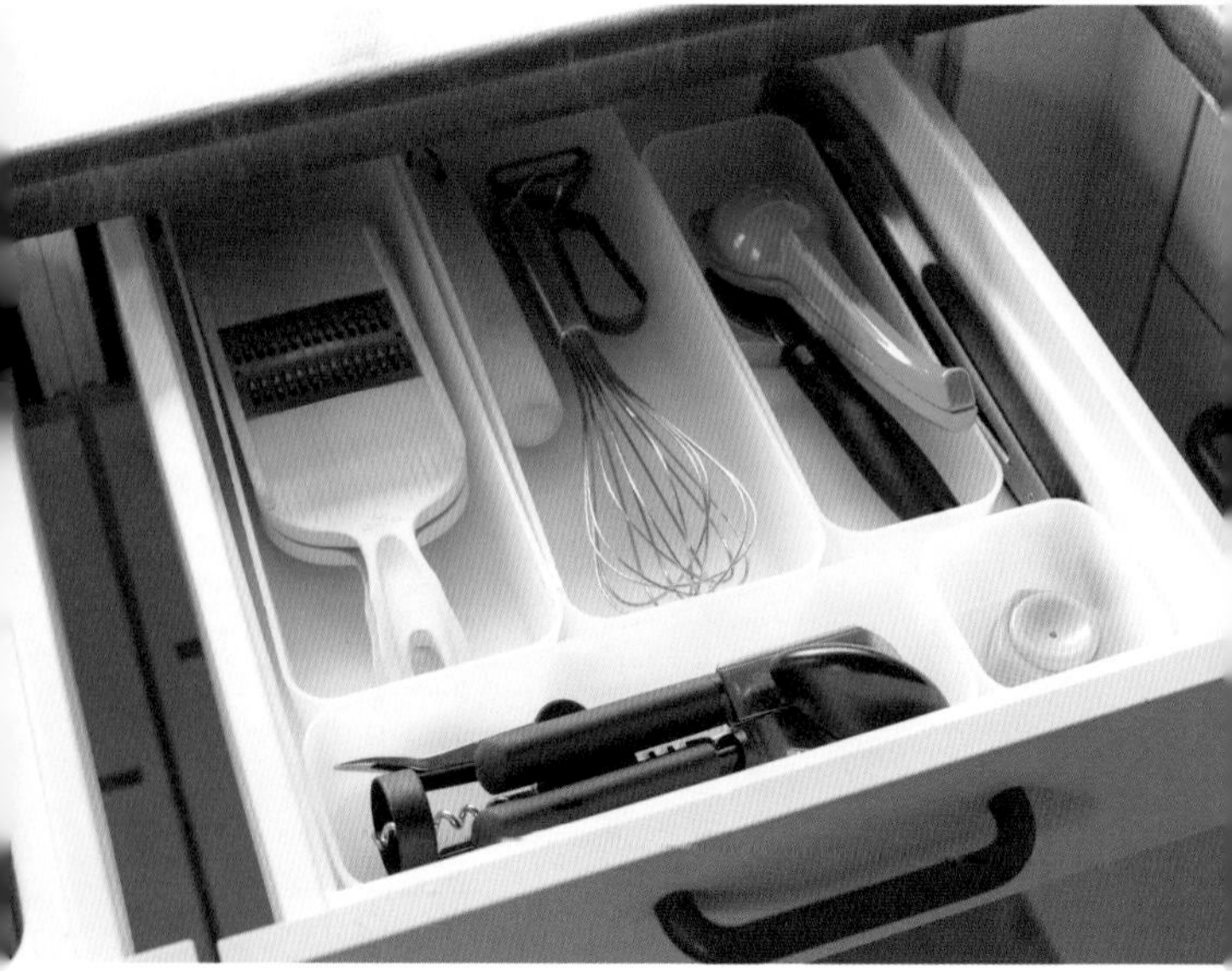

キッチンツールは引き出し1つ

仕切りの中でも、ツールの数は１つか多くても３つ。

鍋類は7割収納

どの鍋も取りやすいようにゆとりをもたせて。しまうモノが少なければ収納の工夫もいりません。

ホルダーの容量は自分で決める

ホルダーを半分切って、既製品にひと工夫。ついているからといって全部を使う必要はありません。

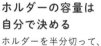

家族のモノには基本的にノータッチ

夫はモノを捨てられない人でした。私がモノを減らし始めたころは特に、彼の物量が気になって仕方がありませんでした。話し合って決めたのは、「家族の共有スペースはモノを少なめにする」「夫の部屋にはいっさい干渉しない」というルール。これで夫は自分の好きなモノを自由にでき、私も目につくところは存分にモノを減らすことができました。ありがたいことに、少ないモノで心地よさそうにすごしている私を見てか、夫も徐々に物量をコントロールしてくれるようになりました。私は何も要求しませんでしたが、大量にあった靴は収納内に収まり、以前のようにポンポンと服を買わなくなったのです。自分の思いを押しつけて家族の雰囲気が悪くなるより、まずは自分のモノを減らすことから取りかかって、その姿を見てもらうのがいいと実感しました。

かわいいモノが大好きな長女も、あるとき「私も部屋をスッキリしたい。どうすればいいのか教えて」と言い出し、ゴミ袋3袋のモノを手放しました。以降、すっかり捨て上手な女の子に。

長男は片づけ上手とは言い難いのですが、自室については私はノータッチです。小学校に上がって以来、話しているのは「自分にできることは自分で」ということ。自立心のためもあるけれど、何より私がラクです。たまに掃除を手伝ってあげると、やはり居心地がいいのかいつもより長く部屋で遊んでいるのを見受けます。そんなときは「気持ちがいいね」と一緒にその空気を味わいます。

きれいな空間が気持ちいいと感じる経験を、子どもと一緒に積み重ねたいと思っています。

リビングをスッキリと保つために、子どもたちがリビングに置いておくモノは、各自ファイルボックス１つ分だけとルール設定。あふれてくると、それぞれ見直して手放しているようです。まだ幼稚園児の次男については、私が壊れているモノなどを捨てることも。

子どもの部屋にはノータッチ。長男は、「散らかっているから今日は友だち呼べないなぁ」などと自覚はあるようです。そんな様子も見守りたい。

なかなか手放せないときは

以前は「なかなか捨てられない」の大きな要因に「まだ使えるのにもったいない」という罪悪感がありました。また、「ゴミを増やすのは申し訳ない」と思う方もいるかもしれません。そんなときはただ捨てるのではなく、買取に出す、譲る、寄付をするなどの方法をとるようにしています。

ただ困ったことに、売れないような古びたモノにまで「もったいない」と感じてしまうことがありました。祖母からもらった抹茶の器も、なかなか捨てられなかったモノの1つ。

けれどこれは、手放すことのマイナス面ばかりを考え、「家がスッキリする」「家事の時短になる」「自分の時間が持てる」などの大きなプラス面に目を向けていない状態。「捨てられない」とモノを積み重ねて、これらの大きなメリットを放棄してしまうことこそ、もったいないことでした。器を捨てても祖母との思い出が消えるわけではありません。そして祖母の一番の望みは、「あげたモノで私が困る」ことではなく、「私が私らしく生きること」だと思うのです。

捨てるか捨てないかをどうしても迷ってしまうモノは、ゴミ袋に入れてリビングの目立つ所に置くようにしていました。服、本、食器……分別は後にして、とにかく迷ったモノをゴミ袋へ。一時置きボックスに入れておくという手もありますが、そのまま保管してしまいやすいので要注意。リビングに置いたゴミ袋なら、「この中身はもう廃棄ということでいいな」とすぐに執着を手放せるのでおすすめです。

例えば「ゾゾタウン」のブランド古着買取サービスは、ネットで申し込むと箱などの「買取キット」が送られてきます。査定から集荷まで一貫して無料で行ってくれるのでとても便利。

↓

処分に迷うモノはゴミ袋に入れて目立つ場所に。一刻も早く手放したいという気になってきます。

やってみよう！

まずは思い入れの薄い所からスタート

モノを減らした効果をすぐに実感できるのは、今最も「イライラ・モヤモヤ」している箇所です。お皿がどっさりあって食事の準備がストレスなら、食器棚。服が押し込まれていてモヤモヤするなら、クローゼット。モノが1つ減るたびに「あれ、何かラク」と感じやすく、手放すことを続けていきやすい場所です。

ただ、思い入れの強いモノが多い箇所は、後まわしにするのがおすすめ。例えばマグカップを集めている人が食器棚に取り組むと、「これは使ってないけど好きだから」「これは限定品だから」となかなか処分に踏み切れません。なんとか手放したとしても、心の負担が大きいので手放しが習慣になりにくいと思います。私も、ティータイムが好きなのでカップやトレイといったティーセットの処分は苦手です。おしゃれが好きな人はクローゼットではなく冷蔵庫から。料理好きはキッチンではなく洗面所から、など、思い入れの強い場所は堂々と後まわしにしてください。私もほかの場所でモノを減らす心地よさを体験し、勢いがついてから改めてティーセットに向き合ったところ、想像していたよりサクッと手放せて驚きました。

気負う必要のないハードルの低い場所から取り組むと、捨てることに慣れるにつれモノへの意識が高まり、「要、不要」「好き、嫌い」「大事、大事じゃない」がひと目でわかるようになっていきます。同時に、「捨てられない」という思い込み自体を捨てられるようになりました。

ちなみに「思い入れの薄い所なんてない！」という方は、玄関から始めるとよいと思います。リビングほどモノが多くなく、スペースも小さいので練習にはもってこい。帰ってきたときに玄関が気持ちいいと、その後に入るリビングも気持ちよくスッキリさせたくなると思います。

禅語に「放下著（ほうげじゃく）」というものがあり、捨てることに迷いが生じたときは、この言葉を思い出します。簡単に言えば、「なんでも捨ててしまえ」ということ。煩悩はもちろん悟りさえも捨て、すべての執着を手放してこそ本来の立場がくっきりと浮かび上がるという教えです。

捨てられないのではなく、捨てられないと思い込んでいるだけ。まずは執着の少ない場所から、小さな一歩を！　次ページから、場所ごとに捨てるヒントを挙げていきます。

玄関は最初に取り組みやすい場所。明らかに不要とわかるモノがたまりがちな場所でもあります。

〈やってみよう！〉

財布

部屋に取りかかる前に、財布で手放しの練習をしてみましょう。財布は小さいスペースの割に、把握している以上のモノが入っていることも。不要なモノでパンパンの財布は、使いづらいばかりか、気持ちのいい循環ができなさそうですね。あれこれたまってから一気に捨てるのは習慣になりにくいので、気づいたときに少しずつ捨てるクセをつけましょう。

手放せそうなモノリスト

・レシート

毎日たまるレシートこそ、毎日出すことが大切。

・ほとんど使っていないクレジットカード

複数枚ある場合は、1つにまとめるとポイントがたまりやすいです。

・１ケ月以上使っていないポイントカード

使用頻度の低いカードは財布から出して別で管理。半年以上使っていなければ手放して。

・１週間以内に使わない割引券

同じく別ホルダーに。それで忘れてしまうようなら不要な券かも。

・かかりつけの病院以外の診察券

病院にフラッと寄ることはまれなので、行くときに持てばOK。

・終了したセールの案内ハガキ

行きたいイベントのDMは目立つ場所に！

・海外旅行で残った外貨

再び訪れる予定がないのなら、「ポケットチェンジ」で電子マネーに交換という手も。

・複数あるお守りや縁起物

災厄を受けてくれたお守りは、１年で神社などへお返しするのが一般的。

私の財布はこんな感じ

point 1

カードは3枚だけ

自動車免許証とよく行く銀行のカードが2枚。

point 2

収納の少ない財布を選ぶ

カード収納がたくさんついていると、自然とカードで満杯の財布になってしまいます。本当によく使うものだけ、ミニマルに。

point 3

レシートはお店で捨てる

捨て生活も続いてくると、レシートばかりを気にしていられません。レジ横にゴミ箱が備えられていれば、その場でポイ。

point 4

お金は1週間使う分

だいたい週に一度、ATMで1週間分の予算をおろします。カードよりも、現金主義。食料や雑貨など、現金を使うことでありがたみと幸せを実感しています。

かばん

財布に続き、短時間で見直せて効果の出やすい場所です。かばんの中から余分なモノを見つけて手放す練習をしてみてください。注目するのは、どのバッグのときも持ち歩く携行品。もしくは同じバッグの底にすみついている、把握できていないモノたち。1つひとつ減らしていけば、外出時の負担がグッと軽くなります。

手放せそうなモノリスト

・非常時のための薬

よく使う薬以外は持たなくても。胃薬などはコンビニでも買えます。

・フルメイクセットが入ったポーチ

パンパンだと使いづらく汚れがち。よく使うモノだけ厳選して。

・終了した展示のDM

紙物は期限のある情報である確率が高いので、マメな見直しを。

・出先でもらったチラシ

一番はもらわないこと。もらってしまったらすぐにゴミ箱へ。

・いつか読もうと思っている本

1週間以内に手にしなければ、今すぐ読む必要のない本ととらえて。

・おまけや抽選でもらった景品

タダだから、という理由で得たモノはたいがいいらないモノです。

私のかばんはこんな感じ

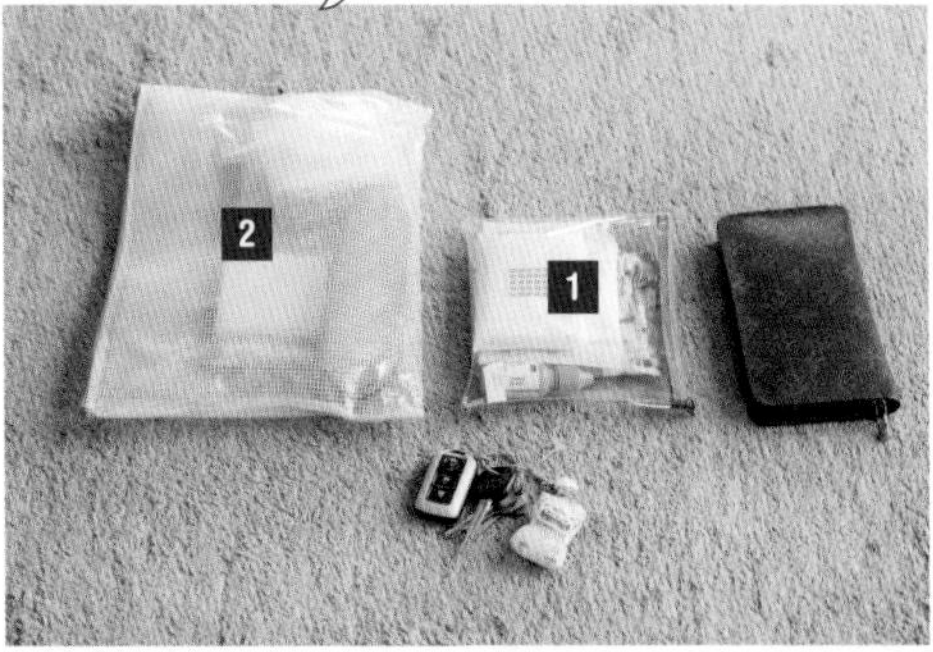

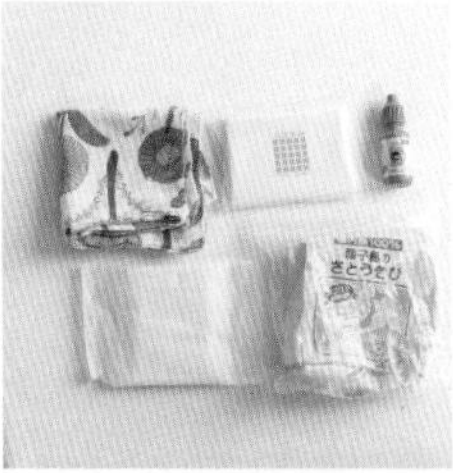

point 1

ケア用品はこれだけ

中身がわかる透明ポーチに、ハンカチ、ティッシュ、目薬、ナプキン、外でお茶をするときのマイシュガー（さとうきび）を常備。メイク直しをしないのでメイクセットは持ち歩きません。

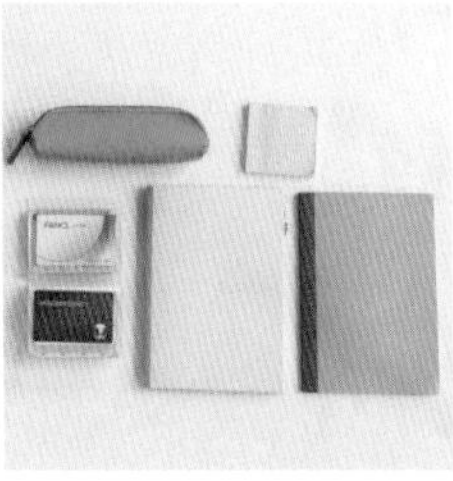

point 2

雑貨はこれだけ

カードホルダー、ペン入れ、付箋、スケジュール帳、ノート。カードホルダーにはポイントカードが。文具は出先でメモするため。

文房具コーナー

家の中であちらこちらに散らばりがちな文房具。どこにあるのかわからなくてつい重複買いしてしまいます。無印良品でこのキャリーボックスに出合ってからは、使う場所にボックスごと持ち運ぶことができ、その場でしまうことができるように。おかげで文房具が散らばらず、いつも所在が明らかになり、重複したモノをなくすことができました。

手放せそうなモノリスト

・インク切れのペン

これを見つけたら、「すぐゴミ箱へ！」を習慣に。

・お土産で買ったにぎりにくい形のペン

使うのは絶対に書きやすいペンです。手放しづらいなら写真に残す手も。

・何本もある同じ色のボールペン

ペン立てに同じ用途のモノは1つずつ。残りは廃棄かストックに。

・いくつもあるハサミ

よく使う所に１つずつ置くなら便利。同じ場所に複数は不要。

・３年前からある付箋

「使われていない」と気づいたらサクッと手放す。

・粘着力が弱くなったのり

機能しない文房具は迷わず手放して。

わが家の共有文房具コーナーはこんな感じ

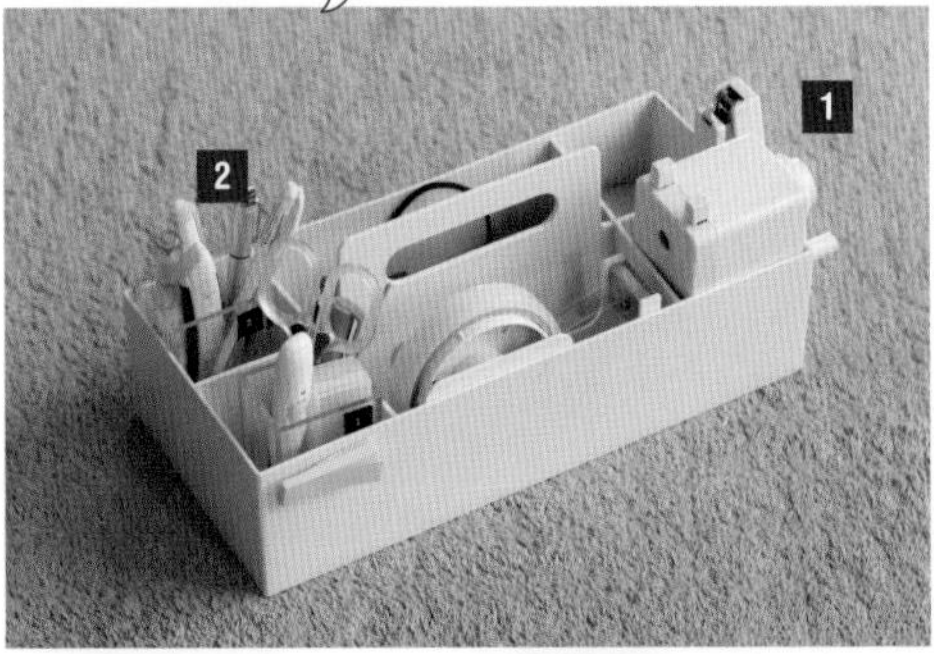

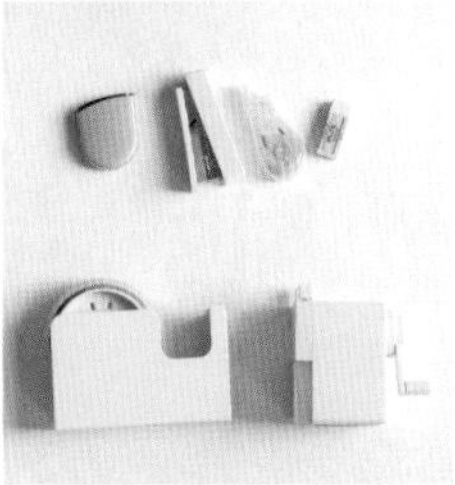

point 1

無印良品の文房具で統一感を

消しゴム、修正テープ、ステープラー、メジャー、鉛筆削り、セロハンテープ。無印良品の文房具はシンプルなデザインで、出しっぱなしにしていても見た目がうるさくありません。

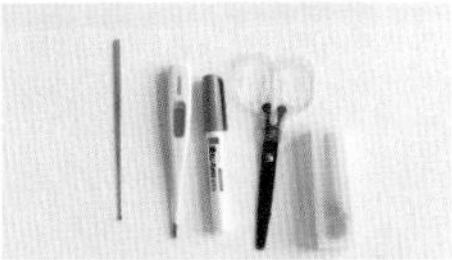

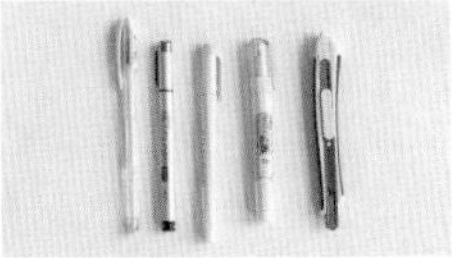

point 2

ペン立てを１軍と２軍で分ける

ボックスの手前と奥にペン立てを２つ置き、手前には「最もよく使う１軍」のはさみ、のり、体温計、耳かき、印鑑といった文房具&生活雑貨。奥の「よく使う２軍」には黒ボールペン、水性ペン、マーカー、修正液（極細）、カッターを収納。

玄関

大きな部屋をスッキリさせるのは大仕事でも、比較的小さい空間である玄関ならハードルが下がります。わが家では、たたきに置いていい靴は各自1足まで。下駄箱内のスペースは、子どもはひとり1段。私は2段。靴が大好きな夫は特別に、上段2段を広く端まで。帰ってきたときに気持ちがいいと、ほかの所もモノを減らそうという気になってきます。

手放せそうなモノリスト

・足に当たって痛い靴

履き心地のよくない靴は、結局履かずじまいに。私も手放しました。

・傷んだ靴

「おしゃれは足元から」とも言われます。清潔感が大事。

・ヒールが高すぎて疲れる靴

次からはヒールが高すぎず、疲れないモノを選ぶようにしましょう。

・壊れた傘

燃えないゴミの日、地区によっては粗大ゴミの日でしょうか。

・誰も使っていないビニール傘

誰も使っていないのであれば手放しましょう。

わが家の玄関はこんな感じ

point 1

夫の靴は夫に任せる

靴好きな夫は、現在14足を所持。私の靴の倍量を持っていますが、このスペースに収まるように量をコントロールしてくれているので助かります。どれも大切に履いているし、夫の気持ちも尊重したい。

point 2

靴は箱に入れない

しまい込むと存在を忘れやすいので、靴はすべて箱から出して収納します。ある靴は使っている現役だけ。結婚式にお呼ばれするようなときに履く靴は、必要なときに親戚から借りています。

point 3

傘はひとり1本

子どもたちの学校の置き傘や私の日傘を除いて、家にある傘はひとり1本。かさばるモノこそ必要最小限に。

point 4

子どもの靴は少しで十分

どんどん大きくなる子どもの足。普段のスニーカーとサンダル（冬でも履いています！）、それと長靴があれば十分。おしゃれの好きな娘は、スニーカーとサンダルが2足ずつありますが、それでも全部で5足。

洗面所

朝の忙しい時間に身支度をする洗面所は、使いやすさがとても重要。今使うモノだけをシンプルに配置できれば時短に直結します。そして何より、洗面所は掃除のしやすさが大切な場所。水アカ、カビ、ホコリがすぐにたまるので、頻繁な掃除が必要です。モノは少なく、可能な限り掃除のラクな場所にしたいもの。

手放せそうなモノリスト

・ボロボロのファンデーションのスポンジ

洗いすぎてくたびれたら新品を。化粧ノリが違います。

・高価だけど肌に合わない美容液

この先も合いません。肌に負担ならば本末転倒！

・似合わない色のアイシャドウ

似合わないモノを無理して使う必要はありません。捨てましょう。

・分離したマニキュア

マニキュアも古びるときれいに爪にのりません。

・数年前に買ったハイブランドの口紅

使用期限は１～３年（メーカーによって異なる）です。

・３ケ月以上使っているマスカラやリキッドライナー

水分の多い化粧品は雑菌が繁殖しやすいとのこと。3ヶ月が限度。

point 1

基礎化粧品は2つ

精油を入れて作った化粧水と、バームでスキンケア。

point 2

ストックは持たない

化粧品、洗剤類のストックは1つも持っていません。近所にスーパーがあるので、なくなったら買いに行っています。トイレットペーパーも、残りが1つになったら購入。

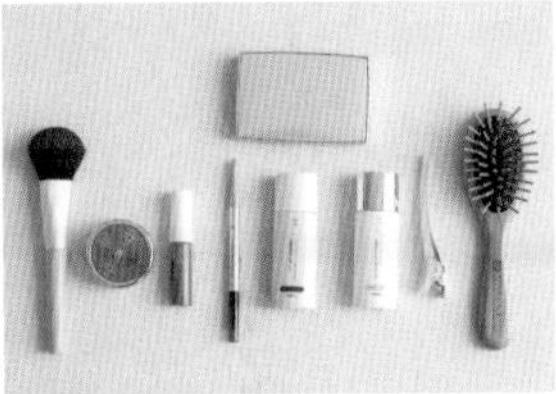

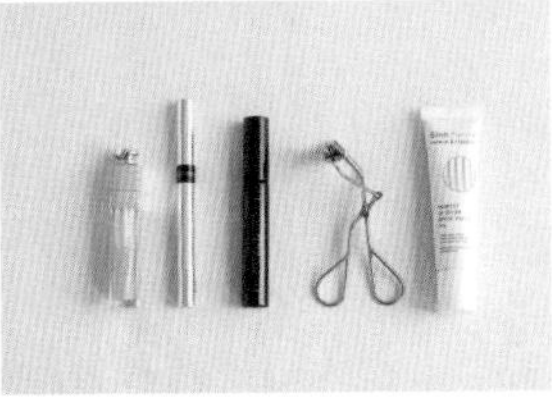

point 3

メイクもシンプルに

上が普段使う1軍（ブラシ、髪留め、下地、リキッドファンデ、パウダーファンデ、アイブロウペンシル、リップグロス、チーク、チークブラシ）。下がきちんとメイク時だけ使う2軍（日焼け止め、ビューラー、マスカラ、アイライナー、リップグロス）。

本棚

家の中には、本、書類、写真、DMなど、こちらの意図とはおかまいなしにさまざまな紙モノがたまっていきます。たくさんたまれば大きなかさを持ち、読みたい紙を探すのが大変に。子どものプリント、チラシなどは、意外と一度目を通せば用の済むモノが多いので、日々の取捨選択を大切にしています。

手放せそうなモノリスト

・ホコリまみれの小説

万が一、億が一また読みたくなったら、そのときは買いましょう。

・子どもの成長に合わない絵本

年齢に合わないモノは、宅配買取で手放して。

・期限が切れた保証

迷わず捨てましょう。

・5年以上前の銀行の通帳

個人事業に関わる通帳であれば7年保管が必要。それ以外は手放して。名前や印鑑など、個人情報に関わる情報はハサミかシュレッダーで念入りに処分を。

・ほとんど読み返さない手紙やハガキ

よっぽどのモノ以外は、いただいた気持ちを胸に生きていきたいものです。

私の本棚はこんな感じ

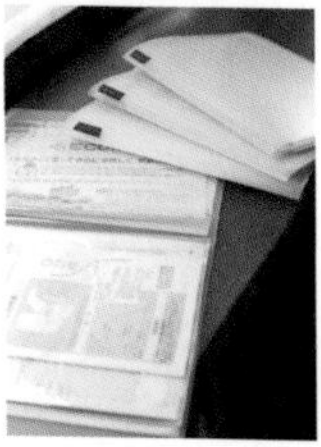

point 1

取説は保管しない

家電の取扱説明書は、ネットで見られるものがほとんどなので必要ありません。家にあるのは子どものプリント類（学校・習い事）をひとりずつまとめたファイルと、ゴミ分別資料をまとめたファイルの計4冊。

point 2

スマホ内の画像データはマメに処分

スマホで撮った写真はときどき見直し、そのたびに10枚くらいずつ選んで捨てています。また、「アルバス」という現像サービスのアプリを活用。小サイズで場所を取ることなく、子どもたちの成長を残せます。現像済みのデータは消去。

point 3

本はこれだけ

読んだら手放すので、残るのはほぼ資料としての自著（ボックス内）。あとは現在読んでいる途中のモノと、特別な数冊（バスケット内）。

キッチン

食材、器、調理器具など、さまざまなものが集合するキッチン。洗う、切る、煮る、と動きも多様で、モノの少なさが「パッと取れてサッと片づく」に大きく貢献します。使うたびに汚れる度合いもほかの場所より大きく、清潔を保ちやすいシステムであることも重要。そのために置くモノを厳選し、管理のしやすいキッチンを目指しています。

手放せそうなモノリスト

・賞味期限が切れたモノ

切れる前に食べられるよう、買い物量を調整し、モノを把握できる見やすい収納を。

・いただいたけれどなかなか減らないモノ

食べないモノは、迷わず手放します。

・割れた皿

使えなくなったモノは、お役目終了。

・使用頻度の低いマグカップ

使う食器だけの食器棚は本当に使いやすいものです。

・先が焦げて黒ずんだ菜箸

少しずつ黒ずむので慣れてしまいがちですが、清潔感に欠け、キッチンの雰囲気を損ないます。

・かき氷器や便利グッズ

「使いそう」で買ったモノも、使わなければ場所をとるだけ。

〈冷蔵庫〉

わが家のキッチンはこんな感じ

point 1

グループごとにまとめる

どこに何があるかひと目でわかるようグルーピング。ドアポケットに調味料を、トレイに朝食用の食材などをまとめて。中央には水を切った野菜をサラダスピナーごと入れられる余裕を持たせています。

point 2

食材はその日の分だけ

スーパーでは、できる限りその日使う分だけを買うようにしています。おかげで冷蔵庫にはゆとりがあり、食材を余らせて廃棄するようなことがなくなりました。

point 3

調味料は小さいサイズ

気づくと賞味期限をすぎてしまいがちな調味料。5人家族でも少量タイプを購入しています。夫の買ってくるタバスコは特大なのですが、毎日たくさん使っているのでOK。

〈棚〉

point 1

奥にはモノを置かない

使わないモノを奥に詰めて置くよりも、手放して「手前に１列のみ」のスッキリとした収納に。

point 2

大人も子どもも同じ器

子ども用の器を特に「割れない食器」にはしていません。大人も使える、シンプルでかわいい器を。

point 4

好きなお茶もここに収まる分だけ

ティータイムが大切だからこそ、お茶はこの空間に収まる分、本当に飲んでいるモノだけと決めています。

point 3

来客用の器は別スペースに

普段の食器を使いやすくするため、たまにしか出番のない来客用は主に、別スペースに置いています。

point 5

ストックはほぼなし

ただ、夫の大好きなスープのレトルトは多め。賞味期限をチェックできる量を心がけています。

〈引き出し〉

point 1

人数分のカトラリー

家族の人数分だけなら、数えたり選んだりの手間がなく食事の準備がサッとできます。子ども用はよく使うのでグラスに立てて調理台でスタンバイ。

point 2

ツールは1つずつ

木べらもおたまも、複数持っていても使うのはいつも同じモノでした。それならば1つで十分。また、トングと箸があるので菜箸はいりません。

クローゼット

以前はたくさん服を持っていましたが、実際に着ているのはお気に入りの数着でした。お気に入りのモノだけに数を絞った後は、パッと見てその日の気分に合うモノを選ぶことができるように。数が少なくてもすべてを把握しているので、あれこれと着まわしを楽しめます。いっぱいあるのに着る服がない人こそ、クローゼットからチェックしてみて。

手放せそうなモノリスト

・取れないしみや汚れがついたトップス

汚れが気になるモノは手放します。

・やせたら着ようと取っておいた洋服

やせるころには好みも流行も変わっている可能性大です。

・手入れが面倒でほとんど着ていないトップス

手入れが面倒でも出番が多いモノは残す。出番がないモノは手放す。

・ボタンが取れたシャツ

ボタンをつけてみる。それができずにずっとしまいっぱなしであれば手放す。

・年齢や雰囲気に合わないワンピース

自分に合わないと思ったら手放す。

・似たようなデザイン、色のスーツ

どちらかがあれば事足りるなら、どちらか1着で大丈夫。

・動きにくい洋服

私は動きやすさを重視します。着ていなければ手放します。

・高かったけれど着ていない洋服

メルカリやゾゾタウンで売るという手も。着てくれる人がいてこそ服も幸せ。

・**履き口のゴムが伸びた靴下**

それでもお気に入りでよく履いているならキープ。そうでなければ手放して。

手放すかどうか迷ったら

同じ色、デザインのモノは1つで十分

クローゼットの中に同じ役割をするモノが複数ある必要はありません。服が多すぎて選びにくいなら、重複しているモノから手放しましょう。

実際に着て客観的な目で判断

「最近ずっと着てないな」という服には何か理由があります。サイズ、流行、好みの変化……昔のお気に入りが今はどうか、実際に着れば要不要が明確に。

私のクローゼットはこんな感じ

point 1

引き戸の片側はオフシーズンものに

服を選ぶときは、1つの扉を開ければすべて見渡せるのが理想。引き戸を動かす必要のある場所にはオフシーズンものを収納。

point 2

アクセサリーは側面に吊るして

以前はアクセサリーケースに入れていましたが、そのケースを活用できるほどアクセサリーがなくなりました。壁にかけてみるとネックレスが絡まず、取りやすくなりました。

point 3

数が減ったら収納も小さく

ラタンボックスの上段に靴下、下段に下着を入れています。靴下もこれだけあれば十分。少なければ、小さな収納でもゆとりをもって納めることができます。

point 4

スペースを埋めようとしない

「入れよう」と思えばまだ入りますが、選びやすさ、出し入れのしやすさは今がベスト。お気に入りの服が平置きで並んでいるさまは、服選びの時間を楽しくしてくれます。

1日1捨てを続ける工夫

目指す暮らしを設定する

1日1捨てを続けていて、「今日はどうしよう」と手が止まる日もありました。そんなときには、「こんな家にしたい」「こんな暮らしがしたい」という目標を思い描きます。漠然と想像するよりも、〝目に見える形〟を探したほうがモチベーションアップ。おすすめは、インテリア雑誌やインスタグラム、暮らしのブログなどから理想的な部屋を見つけること。私の場合、おしゃれな家具屋さんや雑貨屋さんのディスプレイを参考にすることもあります。無印良品の店舗などは、見ているうちにワクワクしてきて、「よーし！」とやる気になることもしばしばあります。「1日1捨て」は〝習慣〟

なので、「いくつ捨てたらゴール」というものではありません。ただ、目標とする部屋のありさまや暮らしの形をイメージすることは、習慣になる前の挫折を防ぐとてもよい方法だと思います。

また私は、新月の日に願い事を書き出して自分の望みを明確化するという「新月ノート」をつけています。その際によく書くのは、「いつも家がスッキリしていて気持ちがいい」「ラクで楽しく家事ができている」というもの。新月ノートの基本なのですが、どう「なりたい」より、どう「叶っているか」を書いたほうがうまくいきます。そうすることで、誰かに叶えてもらう受け身ではなく、自分から具体的に行動を起こして叶えようとする、能動的な種を心の中に植えているのだと思います。新月ノートの効果には目覚ましいものがあり、今の家を見つけたのも、本の出版が決まった

のも、願いごとを書き出してすぐのことでした。次の新月に何を書こうか、あれこれ楽しみに考えています。

インスタグラムでは、ハッシュタグで「ダイニング」「リビング」
「無印良品」と検索することが多いです。
ナチュラルでシンプルな部屋には自然と目が留まります。

ura_ura_days

「捨て」を促す仕掛けを

ゴミ箱は見た目がよくないから部屋に置かない、という方もいます。けれど暮らしの中でたびたび行われる動作こそ、できるだけハードルを下げてラクにできる仕組みにしたい。不要なモノを捨てるという動きは、毎日何度も行われることです。「遠いから捨てに行かない」「面倒だから後にする」の積み重ねが、部屋の散らかりやモノの滞りを生みます。ふとした機会にすぐモノを捨てられる仕組みがあれば、「1日1捨て」を促してくれます。

わが家では、ゴミ箱はすべての部屋に1つずつ。「燃えるゴミ」と「容器包装プラスチック」を分ける必要のある地域なら、子どもたちがお菓子の空を出すリビングなどには、分別できるようにゴミ箱を備えるととても便利。「掃除が面倒な家」は掃除がされにくいように、「捨てるのが面倒な家」はモノをため込んだりそのあたりに散らかしたりする家になりやすいと思います。

また、ゴミ箱設置のほかにも、積極的にモノを手放す方向に導く方法があります。例えば私は、ブックオフの「買取金額10％アップ」という宣伝を見たらとりあえず申し込んでしまいます。10冊以上の本なら宅配便で送れるサービスなので、なんとかして手放せる本を10冊かき集める必要にかられます。後先考えず申し込みさえしてしまえば、家の中から10冊の本が減る。ちなみに本だけでなく、ゲームやCDなどでも大丈夫です。ちょっと強引なようですが、これもなかなか有効な「手放し」の術となっています。

クローゼットの内側や文房具のある机の横にもゴミ箱を。不要と感じたモノをすぐに手放せる仕組みです。

机横のゴミ箱はイデーの収納用ペーパーバッグ。折り返してゴミ袋を2つ入れ、分別できるようにしました。

手放す本はバスケットに入れて準備。集荷が来る日に向けて10冊をそろえます。

手放したら記録する

1日1捨てを始めれば、すぐにスッキリを実感できるでしょうか？　実は、確実にモノが減っているにもかかわらず、それを感じられるのはしばらくしてからです。理由は、変化が少しずつだから。そして、目の前からなくなったモノは頭からも消えていくからです。要するに、「捨てた」「減った」ことをいちいち自覚しにくいのです。となると、部屋がスッキリする前に手放す習慣をやめてしまうかもしれません。

ギブアップを防ぐため、私は捨てたモノをスケジュール帳やノートに記してみました。簡単なイラストも添えたところ、パッと見て捨てたモノをイメージすることができ、「手放した感」を強く持つことができました。捨てるモノを毎回写真に撮って残すのもおすすめ。私は、その写真をブログで公開して人に見てもらい、モチベーションを高めました。インスタグラムなどは記録するにも公開するにもうってつけのサービス。「#捨て活」などと検索すると、みなさんあれこれ捨てたモノを投稿しています。ほかの人が頑張っているのを見ると、さらにやる気がわいてきます。

モノが減るにつれ、捨てたモノのリストは日々増えます。それは、自分が積み重ねた結果であり、効果であり、偉業です。「To do（やること）リスト」を書く人はたくさんいますが、「Done（これだけできたよ）リスト」を作る人は少ないように思います。自分の頑張りを記録して可視化し、

「こんなにできた」「だからこれからもできる」とポジティブな力に変えていってください。

こちらは「To do リスト」。これからやることもこれまで捨てたモノも、見えないモノを可視化するとモチベーションの源に。

私はスケジュール帳にその日捨てたモノを記録。毎日書けることがうれしく、楽しみにもなってきます。

スマホのカメラは魔法の道具

ブログのために部屋を撮影していて、ギョッとすることがありました。写真の中の自分の部屋が、思っているよりもごちゃごちゃしていたのです。写真は、部屋を客観的に見せてくれます。肉眼では見慣れて「そうであることが当然」になってしまっているごちゃごちゃを、容赦なく突きつけてきました。

それ以降、自分の部屋にモノは多いのか、捨てるモノは何かがわからなくなってしまったときは、スマホのカメラで部屋を撮影してみます。「もしこれが他人の家だったら」と客観的な目で見ることで、「ここはもっと改善できる」と確認するようになりました。時にはその画像を友人や家族に送って、より客観的な意見を聞いてみることも。自分ではどうしても捨てられなかったモノでも、他人に「なんであれを取っておくの」と一言もらうだけでスッと執着を失ったりします。

自分の中にある固定観念を、自ら崩すのは難しいことです。第三者とお互いに画像を送り合い、意見交換をするのはいい方法。互いに励みになりながら、ゲーム感覚で楽しく捨て生活を送れます。

また、捨て生活を始める前の「ビフォー」写真を撮っておくのも忘れずに。改善されると、以前の状態を忘れてしまいます。「全然減った気がしないなぁ」と思っても、ビフォー写真と比べれば驚くほどスッキリしているのがわかると思います。

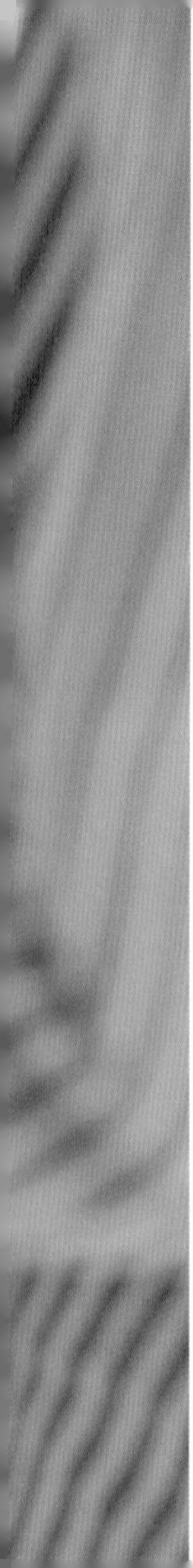

クローゼットの様子、引き出しの中身。写真に撮って見ることで、問題点が浮き彫りになってきます。

オータムクリーニングで総点検

日本では大掃除と言えば年末ですが、欧米では春に行う「スプリングクリーニング」が一般的。気温が上がって掃除しやすくなると同時に、暖炉についた煤を落とす意味でも春に行うのだとか。日本では、春はスギなどの花粉が飛ぶ季節なので、気候が穏やかで空気の澄んだ秋の大掃除はいかがでしょう。秋に大掃除をすれば、年始も比較的きれいな状態で迎えられます。

わが家では、晴れる日が多く水温もあたたかな10月に、1週間ほどをかけて大掃除を行います。とはいえ、いつもの掃除より5分10分念入りにする程度。モノが少なければ掃除の負担が少なく、いつもちょこちょこ掃除をしているので、大掃除とはいえ1箇所あたりはそんなに時間がかからないのです。大掃除のついでに、収納の中に使っていないモノはないか、昨年は取っておいたけど今年は執着がなくなっているモノはないかと、総点検。しまい込んだモノは、こんな機会でもないと見直すことがありません。普段は見えないところにあるからモノがたまっても気にしない、となりがちですが、やはり不要なモノ＝雑念につながります。転勤族のわが家では、そんな積み重ねが引っ越しを大変にしてしまうこともあります。

面倒だから思考を停止して現状維持、というのではなく、年に一度は家のモノを総点検してムダを省き、身軽でありたい。家も気持ちもスッキリとして、冬を迎えたいと思います。

整然と納まっているとそのままにしがちですが、子どもの成長や生活の変化に合わせて、持つべきモノは変わります。

普段は掃除しない場所を拭きつつ、持ち物の把握をし直す「秋の大掃除」。

Fellowes.

Column 1

私の1日1捨て

再び引っ越しをする可能性が出てきて、さらにモノを減らしたいと感じています。1日1捨てはこんなときにも、負担なくモノを減らせる有効な手段。

| day 2 |

カメラケース

| day 1 |

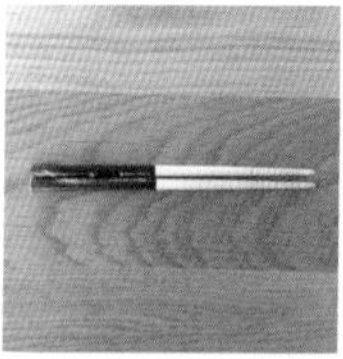

箸

| day 4 |

レシート

| day 3 |

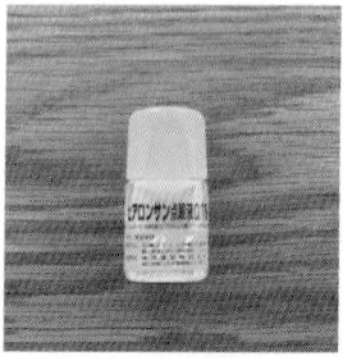

目薬

| day 6 |

カタログギフト

| day 5 |

電球

| day 7 |

おくすり手帳

| day 8 |

ライター

| day 9 |

カラーペン

| day 10 |

リキッドファンデーション

| day 11 |

重箱

| day 12 |

子どものお弁当セット

| day 13 |

子どもの巾着

| day 14 |

スニーカー

| day 15 |

子どもの水筒

| day 16 |

うちわ

| day 17 |

子どものランチクロス

| day 18 |

鉢植え

| day 19 |

Ｔシャツ

| day 20 |

アロマディフューザーの計量カップ

| day 21 |

アクセサリーケース

| day 22 |

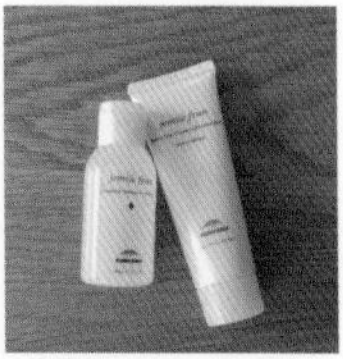

試供品のシャンプー・リンス

| day 23 |

ポイントカード

| day 24 |

湯のみ

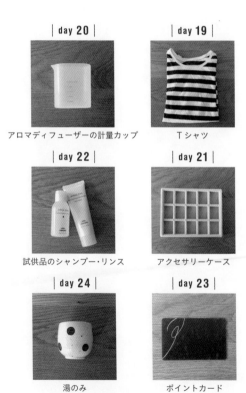

| day 25 |

コーヒードリッパー

| day 26 |

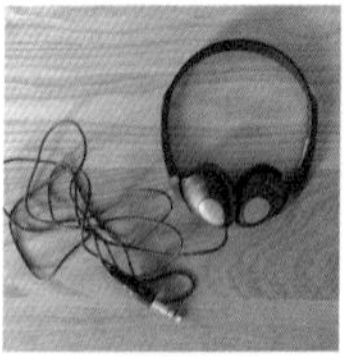

ヘッドホン

| day 27 |

ボール

| day 28 |

調味料

| day 29 |

レトルトのごはん

| day 30 |

ニット帽

| day 31 |

カードファイル

| day 32 |

ハーブティー用茶こし

| day 33 |

マグカップ

| day 34 |

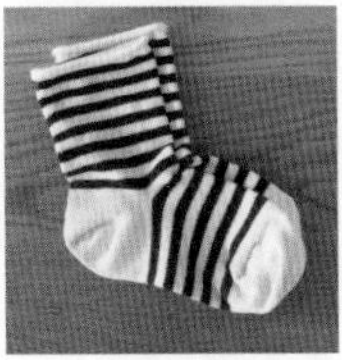

靴下

| day 35 |

キッチンクロス

| day 36 |

お弁当箱

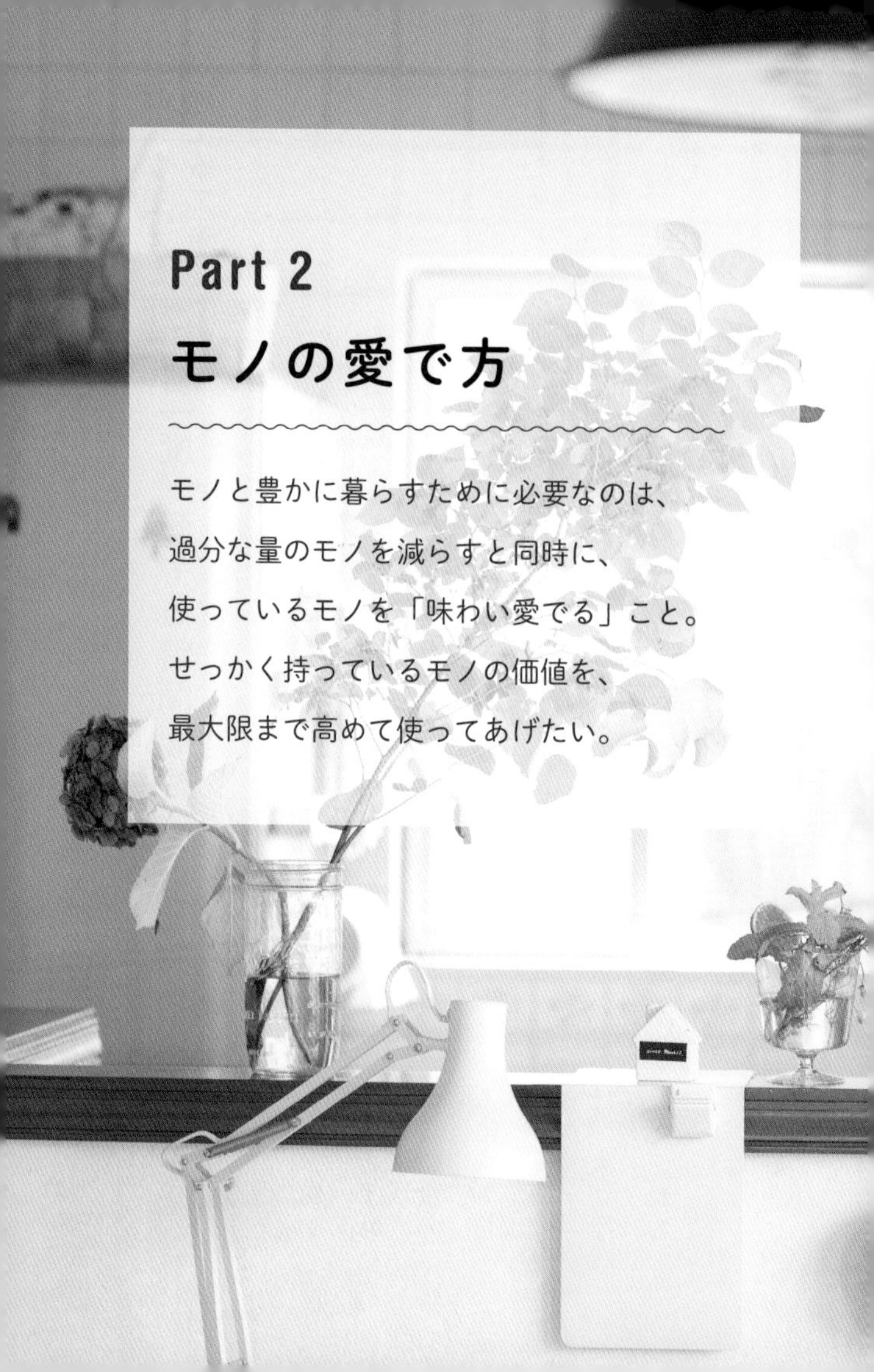

Part 2
モノの愛で方

モノと豊かに暮らすために必要なのは、
過分な量のモノを減らすと同時に、
使っているモノを「味わい愛でる」こと。
せっかく持っているモノの価値を、
最大限まで高めて使ってあげたい。

好きなモノを愛でる工夫

1日一度、愛でる時間を持つ

前章で「1日1捨て」に取り組んだのは、家をスッキリさせるためだけではありません。自分のまわりが本当に必要なモノばかりになれば、それらの役割を存分に発揮させられる。少ない量のモノなら、大切に扱うことができる。モノを大事にする第一歩としての手放しでもありました。

同時に、私がモノと暮らしのために心がけているのは、大切なモノを「味わい愛でる」ということ。自分のために働いてくれるモノに対して、意識して「大切」「好き」と思うことです。

人でも場所でも、長所に意識を向けるとよりその対象を好きになり、ポジティブな感情で向き合えるようになったお話を前章でしました。同じように、モノに対しても「この柄がかわいい」「持ちやすい」と、お気に入りポイントにフォーカスすると、さらにそのモノが愛おしい存在になっていきます。さらに、そのモノに関連するまわりのモノゴトにも愛着が深くなっていくのです。

例えば、寒い日に飲む1杯のミルクティー。お気に入りの紅茶をワクワクしながら棚から出し、お湯を注いで香りを楽しみます。こだわって選んだミルクパンで牛乳を温め、大好きなマグカップに注ぎます。こうしてできた特別な1杯を手に持ったら、前夜に片づけてスッキリとしたダイニングの、座り心地のよい椅子でホッとします。カップの柄を眺めてかわいさを堪能し、湯気と香りを感じながらゆっくりと飲みます。おいしさと温かさに包まれ「幸せ〜」と思う、その時間を満喫するのです。

モノに対する感情は、買ったときを頂点として徐々に下がっていきがちです。でも本来、そのモノ（例えば紅茶、ミルクパン、マグカップ、椅子）を買ったのは、こんな幸せな時間を家ですごすため。ならば、存分に味わい、愛でなくてはもったいない。

このように日常のちょっとしたことを、モノを味わい愛でながら行うと、お気に入りはさらに特別な存在になっていきます。すると、外出先で目に入るカップや鍋がいくらかわいくても購入する気にはなりません。余計なモノが家に入らなくなってきます。

また、使いながらモノを愛でていると、まったく愛でる機会のないモノや愛でる気にならないモノも浮かび上がってきます。それらは、不要である可能性がある。持ち物を愛でる習慣は、モノを減らすにも効果があるのです。

1日に一度、1分でもいいので何か身のまわりのモノを愛でる時間を持ってみてください。書きやすいボールペンを「なめらかだなぁ」と手に取って眺めたり、お気に入りのシャツを「この衿が好き」と思いながら触ったり。するとだんだん、これまでなんの変哲もなかった文具や家電に愛を注ぎたくなってきます。「本当に便利だよね」「働きものだな〜」「この擦り切れまで愛おしい」と、いろいろなことを感じるようになります。部屋の中のモノたちが生き生きと見えてきて、それらのじゃまをしている余計なモノはどかしたくなります。1日の中でほんのひととき、モノを愛でてみてください。日常に埋もれがちな幸せさえ、鮮明になってくると思います。

〈私のモノを愛でる時間〉

朝

1日の始まりである朝は大切な時間。朝を心地よくすごすことができれば、気分のいいまま1日を送ることができます。

ひとり時間

マグカップ

家族が起きてくる前の静かな朝は至福の時間。大好きなマグカップを愛でながら、ゆったりとお茶を飲みます。時にはノートをつけつつ、時には目を閉じて。

朝食

食器

簡単なサラダに炒り卵といったシンプルな朝食も、お気に入りのお皿に盛りつければ立派なごちそうになります。

昼

出かけるときは、お気に入りと一緒に。モノが少なくどれもがお気に入りだから、サッと選べて準備に時間がかかりません。掃除道具は使いやすさと同時に愛着がわくデザインで。取りかかるモチベーションが違います。

外出先で

バッグ

オーシバルのトートバッグが大好きです。夏は白、冬はウール、そのほかサイズの少し大きいタイプはリピート買いをしています。シンプルなデザインでどんなコーディネートにも合い、丈夫で長持ち。どこにでもこれと出かけています。

傘

大好きなマリメッコは、傘にも部屋のカーテンにも採用。この傘はモノトーンで服に合わせやすいながらも、アクセントとなり「適当な服装でもおしゃれ」に見せてくれます。この傘があれば、雨の日の送り迎えもご機嫌で出かけられます。見上げるたびにニッコリ。

靴

ベーシックなコンバースは、流行に関係なく、飽きることもなく、ずっとうれしい気持ちで履いています。たとえほかのブランドに浮気をしても結局これに戻ってくるので、もう迷わなくなりました。ちなみに、靴で一番大切なのは長時間歩いても足元が快適なこと。

掃除

卓上ほうき

イリス・ハントバークの「テーブルブラシセット」。コロンとしたフォルムと木のあたたかみがかわいくて、掃除道具というより飾って眺めたい雑貨のような存在です。文具を置いた机の近くにぶら下げて、消しゴムかすをササッと掃除。

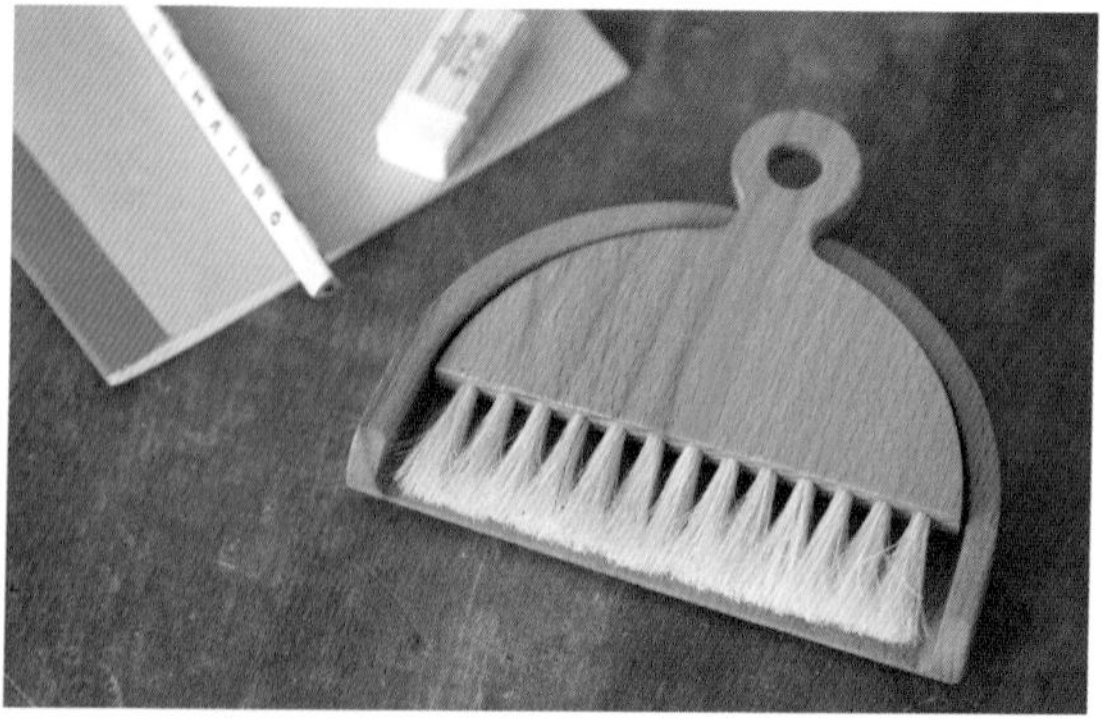

ふきん

台ふきは中川政七商店で買うことが多いのですが、春が近づいてくるとシンプルなキッチンに色味が欲しくなり、アフタヌーンティー・リビングで小花柄のふきんを。気分が春めきます。キッチン全体、床以外はどこでもこれでちょこちょこ掃除。

掃除機

汚れやすいダイニングテーブルのそばにはマキタのコードレス掃除機を。気になったときにすぐに手に取り、コードを気にすることもなくかけられるので本当に便利です。掃除は気楽がいちばん。

スポンジ

無印良品の「柄つきスポンジ」。柄がスポンジを挟んで固定しており、先のスポンジだけ取り換えることができます。時にはメラミンスポンジを挟んで細かい所をこするのに活用。これにしてから手荒れがピタッと治まりました。ありがたい！

夕方～夜

眠ることが好きで大切に思っているので、この時間帯のすごし方は重要。アクティブにすごした日中から心身ともに落ち着いてきた子どもたちとともに、いい眠りへの導入となるような時間にしたいと考えています。

ひとり時間

椅子

ダイニングテーブルの椅子は5つすべてが違う種類のモノ。椅子が好きなので、気分であれこれ変えられるのが楽しいです。夜は子どもたちが見えるダイニングで仕事をしたり、カフェインレスのお茶を飲んでリラックスしたり。

ランプ

ソファ横のスタンドライトは無印良品。シンプルで、インテリアにさりげなくなじみます。布製のかさを通した灯りはとてもやさしくて、夕食後の読書や子どもの勉強などにもぴったり。消灯後、帰りの遅い主人のために点けておくのもこのライトです。

子どもたちは愛でる天才

子どもたちを見ていると、モノを愛でる天才だなぁと感じます。1つのモノを気に入れば、おもちゃでもカードゲームでも毎日何時間だろうと遊んでいる。学校から帰ったとたんガサガサと出してきて、夕方までずっと集中しています。気に入ったタオルを家じゅう持って歩き、朝学校に行く前に布団の中に隠し込んでいたこともありました。本当に大切に、モノを慈しんでいる様子が見てとれます。

この「大切に」が大人と違うのは、大人が大切にしようとすると汚れたり壊れたりしないようにしまい込んで保管をしがちなこと。子どもの「大切に」は、とことん触れて遊んで、擦り切れてもまだまだ大好きなことです。長男のタオルケットは、なんと10年もの。赤ちゃんのころから小学校高学年になるまでずっと使い続けています。さすがに擦り切れたりほころびたりしていますが、繕いながらも愛で続けています。

この、目の前のモノやコトに全身全霊で打ち込み、思いきり楽しむ姿を見ると、これこそ本来の人の姿なのではないかと感じます。大人になるとつい、この熱中を、執着を、愛情を忘れてしまいますね。仕事・家事・家族の世話と、あちらこちらに意識を向けなくてはならない大人には仕方のないことかもしれません。それでもせめてモノを減らして、やるべきコトを減らし、余計な考えも減らし、大好きなモノを思う存分愛でられたらと思うのです。

タオルケット

長男だけでなく、次男にもお気に入りのタオルケットが。赤ん坊のときからくるまっては安心している、大切な、大好きな宝物です。

ビーズソファ

テレビを見るとき、本を読むとき、ひとりで埋まっていたりふたりではまっていたり。とても居心地がよさそうです。無印良品「体にフィットするソファ」。

しまい込まずにどんどん使う

「これはお気に入りだからとっておきのときに」と考えるあまり、さほど着る機会もなく手放す羽目になった服がありました。せっかく好きだったのに。服は着るために買ったのに。

いくら大切に取っておいても、普段使っていないと「いざ着るとき」に合わせる服や靴がない場合もあります。あまり出番がないまま月日が経つと、次着るときには体型や流行が変わっているかもしれません。何より、ようやく着る機会が来ても、おそらく買ったときほど好きではないのです。

今の私は、服を買ったらその場で、試着室をお借りして着てしまいます。だって、家に帰るまでおあずけにしたくないほど気に入ったものだから。「これだ！」と感じているその瞬間に、着ていたいから。

服はあくまでも、着て満足するもの。買っただけで欲が満たされるなら、それはおしゃれ欲ではなく所有欲だと思います。所有欲で服を集めてしまうと、実際には使わないモノも含んだパンパンのクローゼットにしてしまいがち。

同じように、とっておきの食器を箱に入れたままでは、使われるために生まれた器が活かされません。また使うモノを置くためにあるスペースも持ち腐れ。

禅の言葉に、「明珠在掌（みょうじゅたなごころにあり）」というものがあります。意味は、宝は自分の手の中にあるということ。

すでに持っている宝に気づかず、ほかにないかと遠いどこかを探しまわってはいないだろうかと、問いかけてきてくれる言葉です。

モノは使われてこそ、その存在に価値が出ます。お気に入りならなおさら、高いお金を出したならなおさら、使いやすいならばなおさらに、日々使ってその素晴らしさを愛でたいと思うのです。

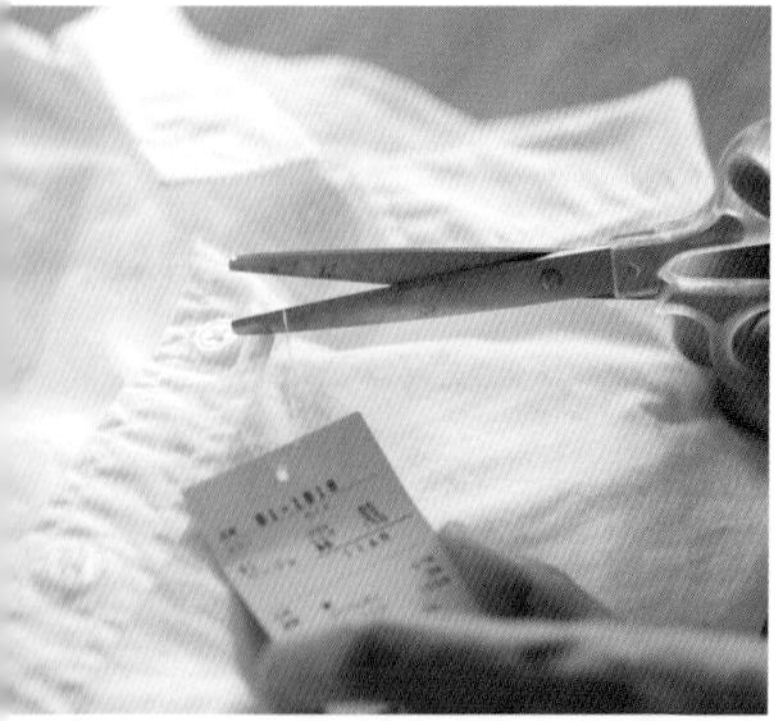

服を買ったらレジで値札を切ってもらい、その場で着て帰ります。だいたい服のテイストが決まっているので、着ていった服と上下でちぐはぐになることはありません。

しまったモノを忘れることなく日々活躍させられるように、ラベリング。

使いやすく、わかりやすく収納すれば、家族の誰もがモノを活用しやすい。子どものお手伝い促進にも。

モノだけでなく「コト」も愛でる

以前の私は、心を満たすために家をモノで満たそうとしていました。結果として、モノから幸せを得られることはなく、むしろ不要なモノがあふれてストレスは増幅するいっぽうでした。

今、心を満たしたいと感じたときには、大好きな「コト」をしています。ゆったりお茶を飲むこと、本を読むこと、花を生けること——。その一瞬一瞬を心行くまで味わい、同時に、そんな大好きなコトのできる自分の環境に感謝して幸せを噛みしめます。

モノだけでなく、「コト」も味わい愛でていると、心がじんわりと満たされてくるのです。

「コト」のいいところは、これだけ幸せを得られながら、モノとは違い部屋のスペースを取らないこと。そんなわけでわが家では、夫婦間の贈り物も「コト」にしています。ちょっと特別な食事だったり、ワインを楽しむ時間だったり。モノだとしても、食べ物や花などの残らない贈り物と決めています。大切なのは、お互いの気持ちが伝わること。

そしてなかでも、大好きな「コト」といえば旅行です。日常から離れてあらゆるものを新鮮な目で見ると、今日は何をしよう？　どこに行こう？　とワクワクでいっぱいに。家に帰ってからも、このワクワクを思い出すたび新鮮な気持ちがよみがえります。こんな日々の満足があれば、たくさんのモノは必要ありません。人生の豊かさは、物量と比例するものではないと実感しています。

子どもとの散歩も大好きなコト。「てんとう虫がいるよ」「ぼくが取る！」

お気に入りの写真集をゆっくり眺める至福の時間。気持ちがリセットされ、穏やかにその後をすごすことができます。

モノの選び方

ピンときたものはサクッと買う

家に入れるモノは、本当に使うモノだけにしたい。だからモノを買うときにはよくよく考えなければいけないのだと思います。けれど実は、私はあまり深く考えていません。直感でモノを決め、サクッと買うことが多いのです。

自分の意識の中からピンとくる「直感買い」は、無意識的な「衝動買い」とは違います。直感で「これだ！」と買ったモノはいつも「よい買い物ができた」と思え、失敗買いになりません。逆に言えば、「これだ！」と感じていないのに「なんとなく」「とりあえず」で買うと外してしまいます。

直感は、昔から感じていたわけではありません。モノがあふれて片づかなかったころには、まったくわからなかった感覚。モノを減らし、未来や過去にとらわれず直感で捨てられるようになってから、外出先でもそのモノが自分にとって必要なのかそうではないのか直感でわかるようになったのです。モノを減らしていくうちに、直感力が磨かれていったのだと思います。

直感力が身につくと、余計なモノをスッと手放せるようになり、同時に余計なモノは買わなくなります。世間には魅力的なモノ――例えば服などたくさんありますが、いくら素敵でも「これだ」という直感が働かなければ買いません。「こんな素敵な服があるんだなぁ」と思って終わりです。

もちろん、意識の中には「今クローゼットには十分な服がある」

「買うなら白いシャツが買い替えどきだ」「予算はここまで」などの情報が入っています。そのうえでの直感力だと思います。

やかんはあれこれ試しましたが、重すぎたりふたが取りづらかったりと気に入ったモノになかなか巡り合えませんでした。さまざまなお店をまわり、ビショップでこのやかんに遭遇。デザイン的にも機能的にも好きな珐瑯製で、シックな色合いにも惹かれ即購入です。今でも磨いて大切に使い、もし錆びても同じモノを買うと決めています。野田珐瑯「アムケトル」。

トースターの買い替えをしようと考えていたときに、パンの大好きな知人が「バルミューダは本当に違う」と言っていたのをふと思い出し、「これだ！」と。いいお値段ですが、毎朝のことなのでおいしいパンを食べたいと思いました。実際に外はカリカリ、中はフワフワで幸せです。あまりにいいので、実家でも購入。バルミューダ「ザ・トースター」。

好きなモノは定番化する

持っている靴の半分は、履き古したら同じモノをリピート買いする「定番のモノ」です。服はシーズンによってデザインがマイナーチェンジしますが、同じブランドの同じラインのモノを買うことがほとんど。なぜなら、自分の中で「これ以上の服はない！」とわかっている、ナンバーワンの品々だからです。

定番があると、ほかのモノを見て検討する手間がいりません。すでにいいとわかっているモノなら、店頭で試す必要もなく、ネットで安い店から購入することもできます。「買ったはいいけど使いにくい」などの失敗もありません。とにかく、早い・ラ

ク・失敗なしの買い物ができるのです。

とはいえ、「定番」と決めるまでに紆余曲折があったモノもあります。さまざまな洗剤を試して、ようやくいいモノに当たったけれど、ほかの商品の「エコ」という言葉に惹かれて浮気したことも。それまでの商品はいくらエコでも泡が立たなくてがっかりしました。その商品は、これまでの洗剤は、エコなうえに泡立ちがよかったのです。最近では、こうしてほかの商品に挑戦しても、結局「一番いい」と思うモノに戻ってくるとわかったので、もう浮気はしないと思います。

一度「これは完璧！」と思えば定番化し、それ以外でモノを試すという行為はもう手放しました。何より、自分にとって一番とわかっているモノは、使うときにいちいちうれしい。「これ好きだな」「やっぱり君だよ」と安心して味わい愛でることができるのでした。

アフタヌーンティー・リビングのお茶

カフェインレスのお茶が大好き。香りがよく間違いなく幸せになれるから、いつもこのブランド。

ダイソーのメラミンスポンジ

ちょこちょこ掃除に欠かせないメラミンスポンジ。最初からサイコロ型にカットしてあるモノをリピート買いしています。

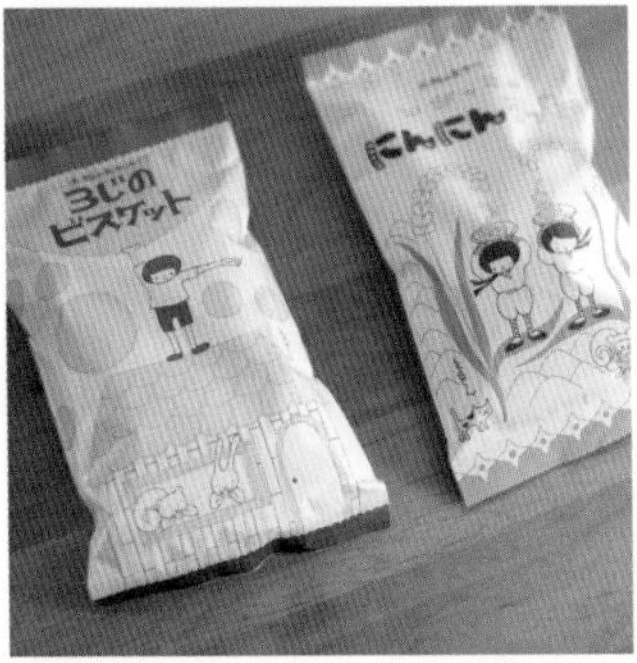

大地のおやつ

和菓子職人と老舗油屋が作るおやつ。素材からこだわって作られており、体にやさしくて素朴なおいしさがお気に入り。

無印良品の歯ブラシ

ヘッドが小さいので子どもたちも愛用しています。家族みんなで歯ブラシを統一すると、洗面所がスッキリと見えます。

持たないモノ、買わないモノを決める

例えば、私は菜箸を持ちません。普通の箸とトングで足りているから。柔軟剤もいりません。私には香りが強すぎるし、そんなに洗濯物をやわらかくしなくてもいいと思うから。「必要」という思い込みから放たれると、モノと軽やかにつき合えるようになります。

とはいえ、これまで「あって当然」と使っているモノの中から、「実はいらないモノ」を探すのは容易ではありません。だからいつも、「本当に必要なモノは意外と少ない」という頭をもって生活するようにしています。今考えているのは、小さな包丁は実はいらないのではないかということ。子どもが使っていますが、大きい

包丁でも使えるのです。また、いつもティーバッグでお茶を出しているのだから、茶こしはいらないのでは？　とも。もう少し暮らしを観察したのち、この2つは手放すかもしれません。

そして、「買わない」と決めて手作りしているモノもあります。例えば、トイレのゴミ箱は紙袋で作る、消臭剤は精油を利用する、新たな雑貨は買わずに今あるモノで工夫して楽しむ、など。これらを市販のモノにすると、ゴミ箱を掃除する手間や、消臭剤を置くスペースと管理の必要が生まれ、雑貨はどんどん増えてしまうということに。家の中にあるモノで工夫をし、必要でも買わずにまかなえたときには、「やった！」「楽しい」「ラク」とたくさんの喜びを感じます。暮らし改善のチャンスはどこに潜んでいるかわかりません。それを見つけるコトもまた、楽しんでいます。

市販の胃薬などは持たない

わが家では梅肉エキスと梅丹は腹痛に、マヌカハニーは感染症予防や治療に、ソンバーユは虫刺されに使っています。

大きな家具はなるべく持たない

無印良品の「壁に付けられる家具・棚」をあちこちに。ちょっと置く場所があると便利ですが、掃除を思うと、大きな家具は置きたくありません。

専用の洗剤は持たない

北見ハッカや精油（ペパーミント、レモンなど）でトイレ掃除。市販の消臭剤より自然な香りで癒されます。

ティーポットは持たない

お茶はティーバッグを買うので、ティーポットは不要。マグカップに直接注いだり、コーヒーサーバーで代用します。

毎週金曜日は花を飾る

幼いころから祖父母が部屋に花を飾る姿を見ていたせいか、花が大好きです。山形の自然に囲まれて育っているので、都会に出ても部屋の中に自然のものがあるとホッと癒されます。シンプルなインテリアの中で色鮮やかな花がふと目に入ると豊かな気持ちになり、あたりをきちんと片づけようと思うから不思議です。

そんな大好きな花やグリーンを、家族とすごす時間が長い週末に向けて金曜日に飾るようにしています。この習慣がつくまでは、ついかわいい雑貨を目にすると買ってモノを増やしてしまっていました。ところが花のある生活になってからというもの、雑貨をまったく買わないようになりました。花を中心にしたインテリアを考えていると、雑貨が欲しいと思わないのです。

花は、良くも悪くも期限があるので毎週新しいものを楽しむことができます。暑い夏には爽やかな水色を入れたいとか、秋口には実ものを入れようなど、雑貨とは違いさまざまな色や季節の雰囲気を部屋の中に入れることができます。小さなブーケなら300円くらいで購入できるし、ミモザやあじさいをドライフラワーにしたり、長持ちのする枝ものを楽しむこともあります。

私が祖父母の背中を見ていたように、娘も花を楽しむ私の姿を見ているよう。最近では娘も、道端で花を摘んでは生けてみています。子どもたちにも、暮らしの中で花や緑を楽しむ習慣をもってもらえたらと思うのです。

花を生けているときも、その時間を味わい愛でます。気持ちが満たされて、必要以上の物欲は静まっていきます。

ブーケが古びてきたら、きれいなものだけを選んで水に浮かべることも。花や葉が思わぬところに動いて自然のアートを楽しめます。

時短グッズもお気に入り

暮らしがラクになり、本来の自分を取り戻し……モノを減らした恩恵は人生に関わるほど大きいものでした。けれど、モノがなければそれでいいかというと違う気がします。好きなモノが家にあればうれしいし、便利なモノがあればラクを得られます。大切なのは自分の「適量」の範囲内であるかということ。

ある程度すると定まってくるのが、「持つと決めるモノ」の基準です。私の場合は、なんといっても使う頻度。めったに使わないモノならいりませんが、毎日のように便利に使えるモノならぜひ欲しい。家事育児はラクならラクなだけ幸せですから、「これは」

というお助けグッズを見つけたら導入しています。

そんなグッズを見つけるのは、多くがインターネットの中です。家にいながらあらゆる情報を得ることができ、さまざまなモノに出合う機会も劇的に増えました。モノの判断をするときに参考とするのは、そのモノの説明と同時に実際の使用者の声。ただ、いくら高評価でも「届いてみたら思ったより大きい」「重くて使いにくかった」など失敗をしてしまったこともありました。

その学習から、新たなモノを買うときは、実店舗に足を運んで実物を見るようにしています。大きさ、重さ、触り心地を確かめてから購入を決定。もちろん、自分が使うモノは「味わい愛で」られる見た目も重要視。好みのシンプルなデザインであることを大切にしています。

毎日食べるレタスは、オクソーの「クリアサラダスピナー」で水をきり、そのまま冷蔵庫へ入れています。ノブを引っ込めることができるので、コンパクトに収納できて便利。レタスは1週間ほど、ここから取って食べています。サラダを作るたびレタスを洗い水をきる手間がなくなり、大きく時短に。

お玉や鍋ぶたで調理台を汚すのがいやで導入した山崎実業の「トスカお玉＆鍋ふたスタンド」。同じ「トスカ」シリーズのまな板スタンドを水きりとして使っていますが、両方とも白の美しいシンプルデザインで気に入っています。

卵のおしりを押しつけるだけで、ゆで卵の殻がつるんとむけるパール金属の「からむき上手」。子どもたちの好物で毎日たくさん作るので、殻むきの大変さから解放されました。また、ニンジンのせん切りを軽い力で手早く作れる貝印の「セレクト100せん切り器」にも毎日助けられています。デザインもスッキリとシンプルで、手持ちの琺瑯容器にぴったりフィットするのもうれしい。

「適量」をキープする
――私の適量＝そのとき必要な分だけ買う

「安いから」「念のために」と今使う以上の量を買ってしまう、その思考とはさよならをしました。コピー用紙はプリンターのトレイに入るだけの100枚入りを選び、3足で1000円になる靴下も1足か2足の必要分。ティッシュなどの消耗品はストックを持ちませんし、食材も買うのはその日に使う分だけです。カレーを作るとしたら、買ってくるのはニンジンとタマネギを1つずつ。お肉を1パックと、ジャガイモを2～3個。スーパーにはウォーキングを兼ね、毎日通っているのでそれで問題ありません。まとめ買いよりは少し高くつきますが、余らせて捨ててしまうことがないので、結果的に節約につながっていると思います。

私にとってモノの適量は、「今必要な分」です。たとえ毎日減っていく消耗品でも、明日必要な分はスーパーにたっぷりあるので心配いりません。しかもきちんと温度管理され、新鮮なモノが毎朝入ってくるパントリーです。

服や器などの短期間に消耗しないモノならなおさら、適量は使いきれる分だけで十分。家に余らせて置いておくことはないと感じます。例えばクローゼットにあるコートは、2枚もあれば事足ります。冬のセーターは毎年買い替えているので、夏場には持っていません。エプロンも、「そういえば長男が調理実習に使うモノがあるな」と気づいて自分のモノは手放しました。最近では、メガネを2つから1つに。調理器具も1つずつに絞っています。

持っている服を付箋にすべて書き出し、ノートに貼っています。しょっちゅう目に入るので持っている服が頭に入り、ムダ買いがなくなりました。

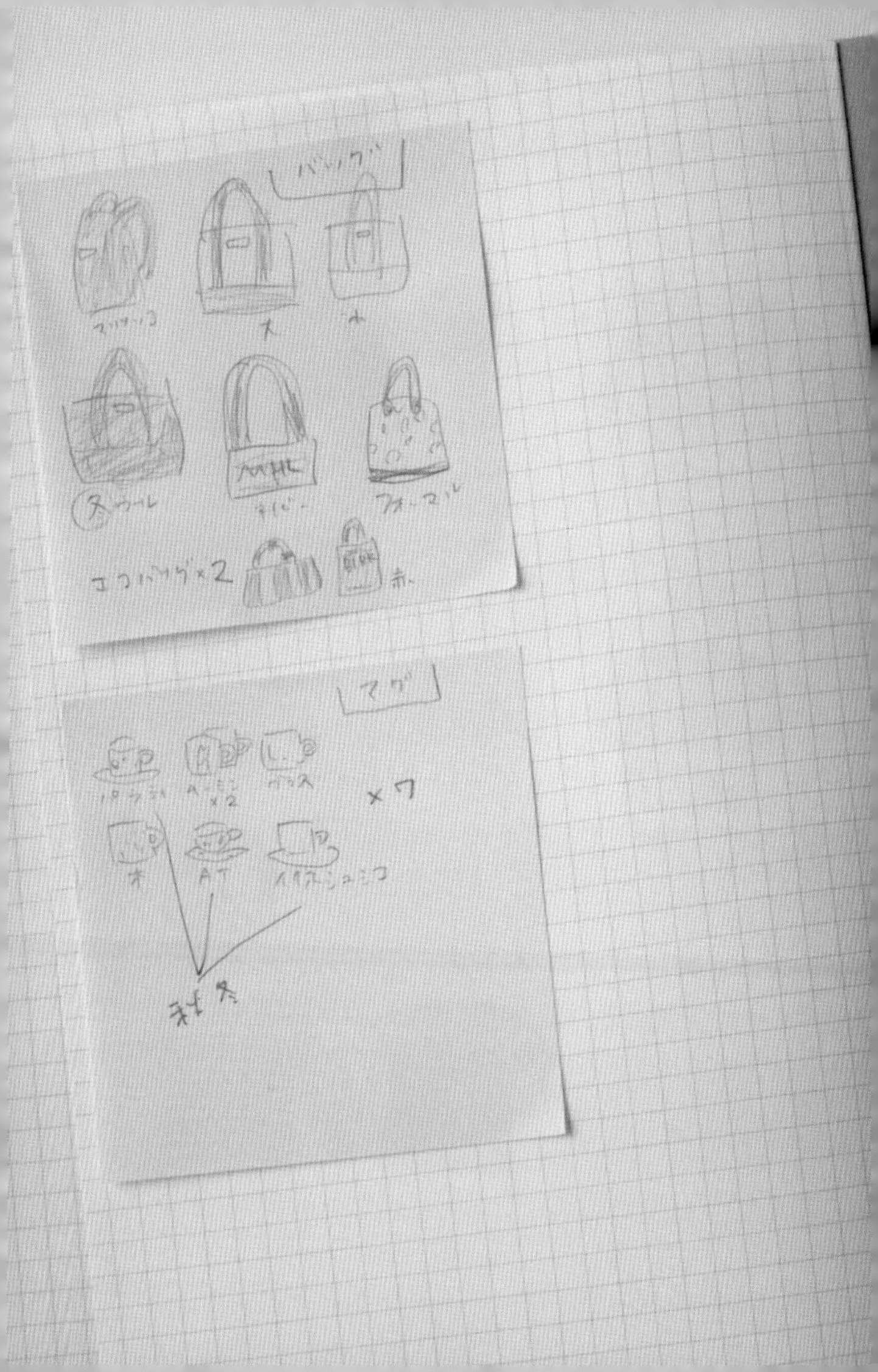

バッグ
大
小
冬ウール
フォーマル
エコバッグ×2
赤
マグ
ガラス
×2
×7
木
AT
秋冬

〈私の適量はこんな感じです〉

洋服　トップス

春・秋

無印良品の
ボーダーカットソー

通年

無印良品の
長袖ブラウス

通年

マーガレット・ハウエル
のシャツ

秋・冬

オーシバルの
ボーダーカットソー

秋・冬

オーシバルの
ボーダーカットソー

春・秋

無印良品の
ボーダーカットソー

夏

モリスアンドサンズの
Tシャツ

夏

マーガレット・ハウエル
のTシャツ

夏

無印良品の
ボーダーTシャツ

夏

無印良品の
タンクトップ

夏

マーガレット・ハウエル
の半袖シャツ

夏

無印良品の
Tシャツ

春・秋・冬

ジムフレックスの
ボアベスト

春・秋・冬

ロカパラの
パーカー

春・秋・冬

無印良品の
カーディガン

ボトムス

通年

ジャーナルスタンダード
のデニム

冬

無印良品の
セーター

冬

無印良品の
タートルネック

秋・冬

無印良品の
コーデュロイパンツ

秋・冬

無印良品の
コーデュロイパンツ

通年

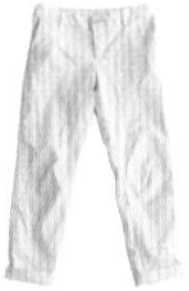

無印良品の
パンツ

スカート

春・夏・秋

パーリッシィ クラシスク
の吊りスカート

春・夏・秋

ズッカの
ワイドパンツ

春・夏・秋

アデュートリステスの
ワイドパンツ

ワンピース

春・夏

母が作ったミナペルホ
ネン生地のワンピース

秋・冬

ヒューマンウーマンの
スカート

春・夏・秋

ポンデシャロンの
スカート

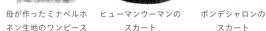

アウター

春・秋・冬

マーガレット・ハウエル
のロングコート
（ライナーつき）

秋・冬

ザ・ノース・フェイス
のジャケット

秋・冬

ユニクロの
ワンピース

ルームウェア

春・秋

無印良品の
ボーダーカットソー

春・秋

無印良品の
コットンパンツ

通年

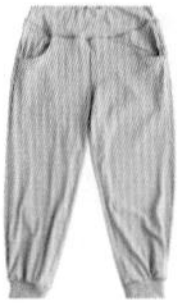

メーカー不明の
ヨガパンツ

秋・冬

マーガレット・ハウエル
のトレーナー

秋・冬

無印良品の
スウェットパンツ

夏

無印良品の
コットンパンツ

インナー

冬

ユニクロの
ヒートテック

秋・冬

ユニクロの
ヒートテック

秋・冬

アサフクの
インナー

靴下

通年

右：無印良品の靴下
左：アウアーの靴下

通年

無印良品の
靴下

夏・秋

エヴァムエヴァの
レギンス

秋・冬

マーガレット・ハウエル
のタイツ

秋・冬

右：無印良品の靴下
左：マリメッコの靴下

春・夏

無印良品の
フットカバー

靴

ユナイテッドアローズ
の革靴

マーガレット・ハウエル
×コンバースの
スニーカー

ニューバランスの
スニーカー

バッグ

オーシバルの
トートバッグ

ハンターの
長靴

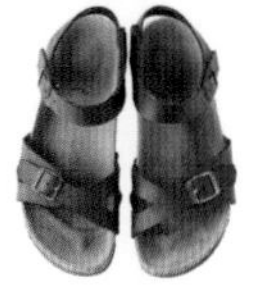

ビルケンシュトックの
サンダル

ビルケンシュトックの
ショップバッグ

中川政七商店の
布バッグ

オーシバルの
トートバッグ

マリメッコの
リュックサック

マーガレット・ハウエル
のショルダーバッグ

オーシバルの
ウールトートバッグ

アクセサリー

母にもらった京都の
天然石ネックレス

母にもらった
パールネックレス

ルイ・ヴィトンの
トートバッグ

ピュアトレで購入した
ピアス

ピュアトレで購入した
ピアス

パラスパレスの
ネックレス

タオル類

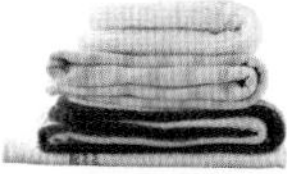

布良、クラスカ ギャラリー＆ショップ ドー、無印良品などのフェイスタオル

クラスカ ギャラリー＆ショップ ドー、アフタヌーンティー・リビングなどのバスタオル

ビームスのバンダナ

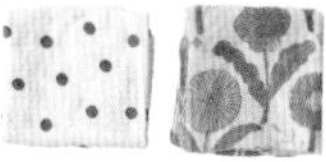

右：鹿児島睦さんのハンカチ　左：中川政七商店のハンカチ

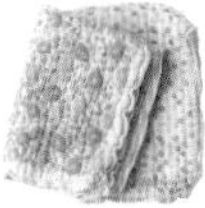

アフタヌーンティー・リビングのふきん

フォグリネンワーク、リーノ・エ・リーナ、リナスのリネン（ハンドタオル兼食器拭きとして使用）

お茶

山形物産館で購入した健康茶

茶三代一の五穀茶

趣味関係

精油

無印良品の
ペパーミント

アフタヌーンティー・
リビングの
アップルティー

アフタヌーンティー・
リビングのカフェイン
レスアールグレイ

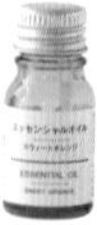

無印良品の
スウィートオレンジ

無印良品の
レモン

無印良品の
ユーカリ

北見ハッカの
ハッカ油

エルバビーバの
バジル

エルバビーバの
フランキンセンス

無印良品の
ラベンダー

キッチン用品

鍋類

柳宗理の
片手鍋

柳宗理のフライパン、
ふたは片手鍋にも
使用可

アメリカで購入した
ティファールの
フライパンセット（大）

野田琺瑯の
ボウル

リースの
琺瑯鍋

ダンスクの
ミルクパン

カトラリー

エジソンの
箸

無印良品の
箸

無印良品の
ざる

モモ ナチュラルなどの
ナイフ

無印良品の
フォーク

無印良品の
フォーク

無印良品の
ティースプーン

無印良品の
スプーン

無印良品の
スプーン

栗原はるみさんの
汁椀

雑貨屋さんで買った
桜の汁椀

無印良品の
茶碗

ピアワンインポーツの
中鉢

ノーブランドの
丼鉢

無印良品の
汁椀

アクタスで購入した
ガラスのボウル

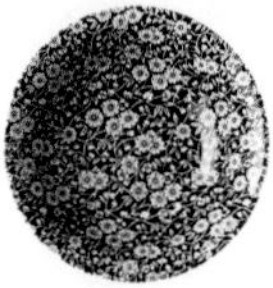

スタッフォードシャー
の中皿

トーソン・トーロップの
中鉢

スタディオクリップの
パン皿

堀井和子さんの
パン皿

イッタラ ティーマの
小鉢

ロールストランドの
中皿

アラビア パラティッシ
の中皿

スポードの
中皿

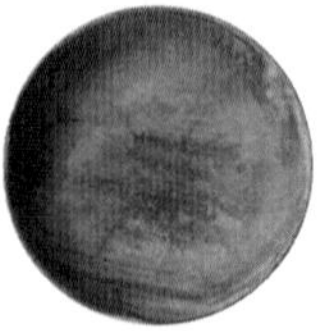

無印良品の
大皿

イッタラの
大皿

ロールストランドの
大皿

デュラレックスの
グラス

堀井和子さんの
グラス

無印良品の
グラス

アメリカで購入した
ブランド不明の
グラス

イッタラの
グラス

作家不明の
グラス

キントーの
耐熱マグカップ

アラビアの
マグカップ

アラビアの
マグカップ

高橋工芸の
マグカップ

来客用のマグカップなど

アラビアの
カップ＆ソーサー

アフタヌーンティー・
リビングの
カップ＆ソーサー

Column 2

１日１捨てにトライ！

「モノが収納からあふれている」と困っていた友人に、
１日１捨てを実行してみてもらいました。
約３ケ月間で、どのような変化があったかというと……

細田梨絵さん（30代）

今の一軒家に引っ越してきて約５年。３才児を育てるワーキングマザーです。「家事に細かく気配りするのはいやだから、とにかくラクにできるとうれしい」

【Before】 so bad ...

下駄箱

モノの種類によってだいたいの区分はされていたけれど、「謎の鉄」や「何かのオイル」など「何だかわからないモノ」が多々。

玄関

ベビーカーや子ども用自転車などが置かれてスペースを圧迫。靴を脱ぎ履きしにくい状態に。モノの下にホコリがたまっている。

食器棚

食器が詰まり、棚板の間隔が狭くて食器を取りにくい。特に奥の食器を取るのが大変で、一番奥に入れたモノの存在を忘れてしまうことも。

階段下

生活雑貨や消耗品を収納。ストックが多すぎて奥のほうには手が届かず。何が入っているかもわからなくなっている。

夫のクローゼット

中には３年以上着ていない服も。下のボックス２つには、いずれ古布として使うつもりで取っておいている服が。

扉付き棚@ダイニング

引き出しを入れて分類をしているけれど、ほとんど開けない所も。棚の横に透明な棚があるが、あまり使われていない。

【After】

very good!

下駄箱

「何だかわからないモノ」「何年も使っていないモノ」は手放し、下駄箱用のシートを敷いてスッキリ。

玄関

もう使わないA型のベビーカーを処分し、ほかのモノは適所に収納。だいぶスッキリし、たたきを隅まで掃除できるようになった。

食器棚

食器を手放し、仕切り棚を一段減らしたため、高さに余裕が出て奥のモノを取りやすくなった。下段にボックスを入れ、タッパーを収納。

階段下

洗い替え用のマットや空き箱などを処分。床面に踏み込めるようになって棚の奥にアクセスできるように。

扉付き棚@ダイニング

使っていないモノを徐々に減らし、ふた付きボックスを取り出して棚の中に空間が生まれた。隣の透明な棚も手放し。

夫のクローゼット

古布のボックスを処分し、床面にゆとりが。ハンガーの詰まり度合いも軽減し、かけ外しがしやすくなっている。

3ケ月で350個のモノが家から消えた！

「幼馴染のみしぇるに影響されて、以前から断捨離や片づけに取り組んではいました。それでもいつの間にか服や靴や生活用品が増えてしまって」という細田さん。手放すモノはレシートでもペン1本でもかまわないと聞き、「1日1捨て」にチャレンジすることに。

開始したのは4月の末。そこから3ケ月でなんと350個ものモノを手放すことに成功! 1日1捨てどころではありません。実行しながら細田さんが感じたのは、「家の中にこんなにもたくさんのモノを隠していたなんて」ということ。

最初は1日に1つ、ノッてくると1つじゃ済まない

以前から、収納ボックスが家の中に多すぎることや、モノが多いことをどうにかしたいとは思っていた細田さん。ただ、平日に仕事をしながら育児をするなかで、片づけに手をつける勇気が出なかったのだそう。

1日に1つなら、ということで最初に狙いを定めたのは「いらないモノが多そうだな」と気になっていた階段下の棚。「いらなそう」と思うモノを抜き取って捨てていくうちに、徐々にぎっしりだった棚にゆとりが出てきました。すると「これならこの場所の整理ができる」という気に。同時に、「抜き取るだけじゃ物足りない」という欲求が生まれたそう。そこで棚の中の整理に取りかかってみる

と、ごそっと不要品が出てきたのでした。

1つ棚がスッキリすると、ほかの棚も整理したいという気持ちになったのが、まず大きな心の変化。また収納を見るときに、「きっと不要なモノがある」という目で見るようになったのだとか。もちろん、毎日続ける途中で、「何を捨てればいいのか」と悩んだ日も。そんなときは、「まあへアゴムなら同じのがほかにもあるから」というふうに、複数持っているモノを手放すように。以前なら捨てる決断をしていなかったモノも、捨てやすくなっていました。

一度見た場所でも、家じゅうを一巡したのち再度見ると、「結局使ってないな」と気づいて手放せたり。「着てはいないけど気に入っている服」も3巡目で手放したのだそう。その服も含め、手放して後悔したモノは1つもないそうです。

モノを買うときにも大きな変化が

これまで、お店で気に入ったモノは買って帰っていた細田さんですが、捨て生活をするようになってから欲しいと思っても、一度家に帰って考えるようになりました。せっかくモノを減らしているのに、安易に家にモノを入れたくないとのこと。よほどのモノでなければ増やしたくないと思うようになったのです。それから、買おうとしているモノが「捨てやすい」かどうかも考えるように。とにかく、「今後スプレー缶を買うつもりはない」とキッパリ。

「私はさぼりグセがあるので、ずっと1日1捨てを続けられるかはわかりません。でも、毎日じゃなくても以前よりモノを捨てることに抵抗がなくなっているのは確かです。ただ、以前大量に集めた生地にはまだ手をつけていなくて……今後の課題ですね」と話してくれました。

みしぇるより一言

生地はきっと思い入れが強いモノなので、ほかの場所をやってからの後まわしで大丈夫。取りかかるときは少しずつ手をつければ、ほかの場所と同じようにだんだんハードルが下がってくると思います。無理はせず、捨てる習慣を続けてね！

細田さんの1日1捨て

| day 1 |

バスタオル、
ハンドタオル

ベビー服と
帽子

| day 2 |

ルームシューズ

| day 3 |

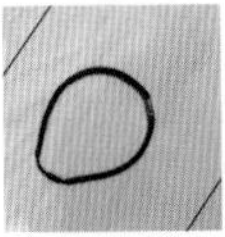

ヘアゴム

| day 4 |

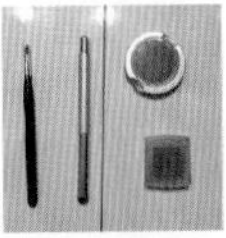

メイク用品

| day 5 |

離乳食用
保存容器

| day 6 |

金づち、
マスキングテープ

| day 7 |

エコバッグ

| day 8 |

旅行用バッグ

| day 9 |

棚（4個）

| day 10 |

アクセサリー
ケース

| day 11 |

おまけ、
パウダーパフ

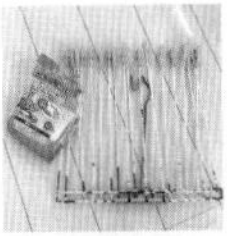

掃除機用紙
パック、タオ
ルハンガー

| day 12 |

使い捨てエプロン、
ベビー用爪やすり

| day 13 |

ベビー用シーツ

| day 14 |

引っ越し用
布団カバー

| day 15 |

かみそり、
洗顔用泡立て
ネット

| day 16 |

子どもの靴下、
自分の
ストッキング

| day 17 |

トップス

| day 18 |

ポストカード

| day 19 |

子ども服

| day 20 |

爪やすり

| day 21 |

仕事の書類

| day 22 |

バンダナ、
ランチョンマット

| day 23 |

ゴムベラ

| day 24 |

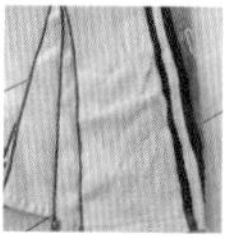

フェイスタオル

| day 25 |

バッグ

| day 26 |

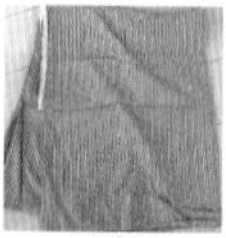

ベビー用
布団カバー

| day 27 |

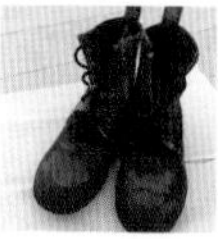

ブーツ

| day 28 |

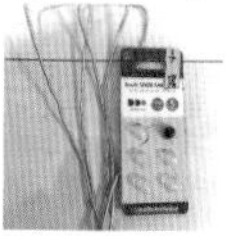

工作用針金、
イヤホンカバー

| day 29 |

ベビー服

| day 30 |

スカート

| day 34 |

ベルト

| day 33 |

年賀ハガキ

| day 32 |

鏡の枠

| day 31 |

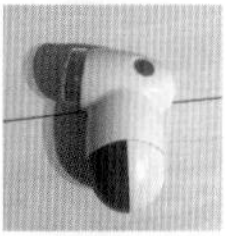

毛玉取り

| day 38 |

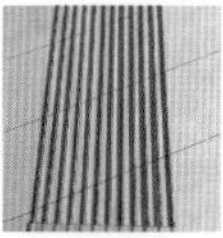

水切り

| day 37 |

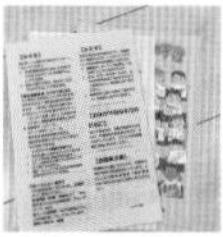

プリント

| day 36 |

ワイヤー

| day 35 |

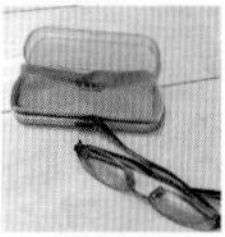

メガネと
メガネケース

| day 42 |

パソコン用
マイク

| day 41 |

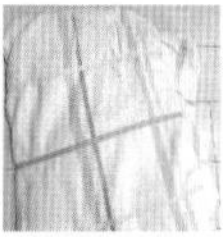

タオルケット

| day 40 |

ファンデー
ション

| day 39 |

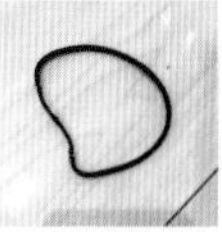

ヘアゴム

| day 46 |

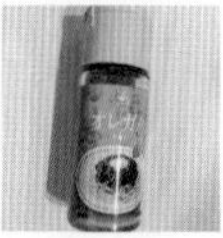

調味料

| day 45 |

シートマスク

| day 44 |

パソコン用
マイク

| day 43 |

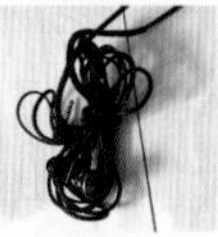

イヤホン

| day 47 |

年賀ハガキ

| day 48 |

子どもの靴

| day 49 |

マスカラ

| day 50 |

ニットコート

| day 51 |

香水

| day 52 |

A 型ベビーカー

| day 53 |

使い捨てカイロ

| day 54 |

ニット帽

| day 55 |

革靴

| day 56 |

洋服

| day 57 |

ペン、
レジャーシート
など

| day 58 |

ボックス

| day 59 |

夫の水着と
バッグ

| day 60 |

テレビの部品

| day 61 |

ティーポット、
粉ミルク用
計量スプーン

| day 62 |

炭、
収納ボックス

| day 66 |

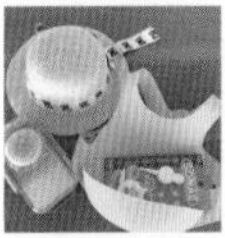

ベビーエプロン、
子どもの帽子、
防水スピーカー

| day 65 |

文房具、袋類、
ポストカード
など

| day 64 |

1/4 トルソー

| day 63 |

コード類

間接照明

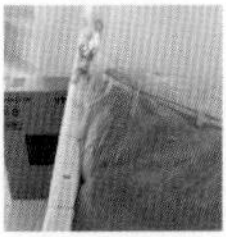

ホット
カーペット、
ベビー用蚊帳

鍋

食器、
キッチンツール
など

＼ 3ケ月のうち66日間で約200個、捨てました！ ／

Column 3

母から継いだもの

家族を、寺を、裁縫を愛で、いらないモノは潔く手放す母。
1日1日を大切に楽しんで生きる母。
母の背中は、いつでも見ごたえたっぷりです。

毎年、夏休みには子どもたちを連れて山形に帰省します。今年は2週間ほど、妹の長女(小4)も合流して4人の子どもたちと実家の8畳間で寝起きしました。お互いの荷物があふれて部屋は大変なことになるかと思いきや、1人に1つずつダンボール箱を与えたら、毎日自分のモノをきれいに中に入れてくれたので、8畳間はいつもスッキリ。モノが少なく、収納場所が明確であれば、幼くてもきちんとできると改めて実感します。こんなところからも場を整える精神を、子どもたちに伝えていけたらと思いました。

そして、そんな私に整える精神を教えてくれたのは、実家でお寺を切り盛りしている母。祖父母の代からお寺を継いだとき、本堂にはさまざまなモノが置かれていたそうですが、母は思いきってたくさんのモノを手

母はわが家に遊びに来るときも裁縫道具を持ってきます。「何かしら縫うモノがあるからね」と長男の愛でるタオルケットを修繕中。着ているのは自作のワンピース。下にスカートを重ねるコーディネート力に感服です。自作の服も、2年ほど着て飽きたら手放すそうです。

放しスッキリと片づけました。私が何もない心地よさを知ったのは、母の形づくった本堂だったのです。

母はなかなかに男らしい性格で、スポーツをするのも好きなら見るのも好き。モノに対しては暮らしに必要なモノがちゃんとわかっていて、いらないと思えば躊躇せず手放す姿を見てきました。私が今、手放すときに迷いがないのは直感を鍛えたたまものではありますが、元をたどればそこには母の存在がある気がします。

そして同時に、母はモノを愛でるのも上手。裁縫が得意で、自分や家族が気に入った服やモノなどを繕い、繕うほどに心地よさと愛を増しています。家庭科の成績が「2」の私は、繕い物に始まり子どもの巾着袋製作などすべて母におまかせ！　子どもたちに手作りのあたたかみを感じてもらうことができて大助かりです。

よく行く玉川寺で庭を眺める母。朝のノート時間のおかげで、忙しい日々でも空いた時間を心からくつろげるようになったとか。

母と朝時間

5年ほど前から母は、朝起きてすぐにノートをつけるようになりました。書くのは、「1日をていねいに」などの座右の銘、今日やること、買い物リストなど。あれもこれもと忙しい気がしても、書き出すと落ち着いて取り組むことができるそうです。意外と空き時間があることに気づいて、次にやりたいことができたり、心にゆとりが出たり。母いわく「老い先短いんだから時間を大切にしなくちゃ」とのことですが、私もただフワフワと時間をすごすのではなく1日を大切に使いたい。私の朝のノート時間も母から受け継いだかけがえのない習慣です。

私の場合、朝のノート時間に持ち物を付箋に書き出し、手帳に貼っています。朝、モノを改めて把握すると、効率よく家事ができる気がします。

母自作の室内履き。修繕しながら履くにつれ、どんどん足に合ってくるそう。端ぎれのお店で働いているので、好みの生地はすかさずゲット。「取っておいても仕方ないからすぐ使う」がモットー。

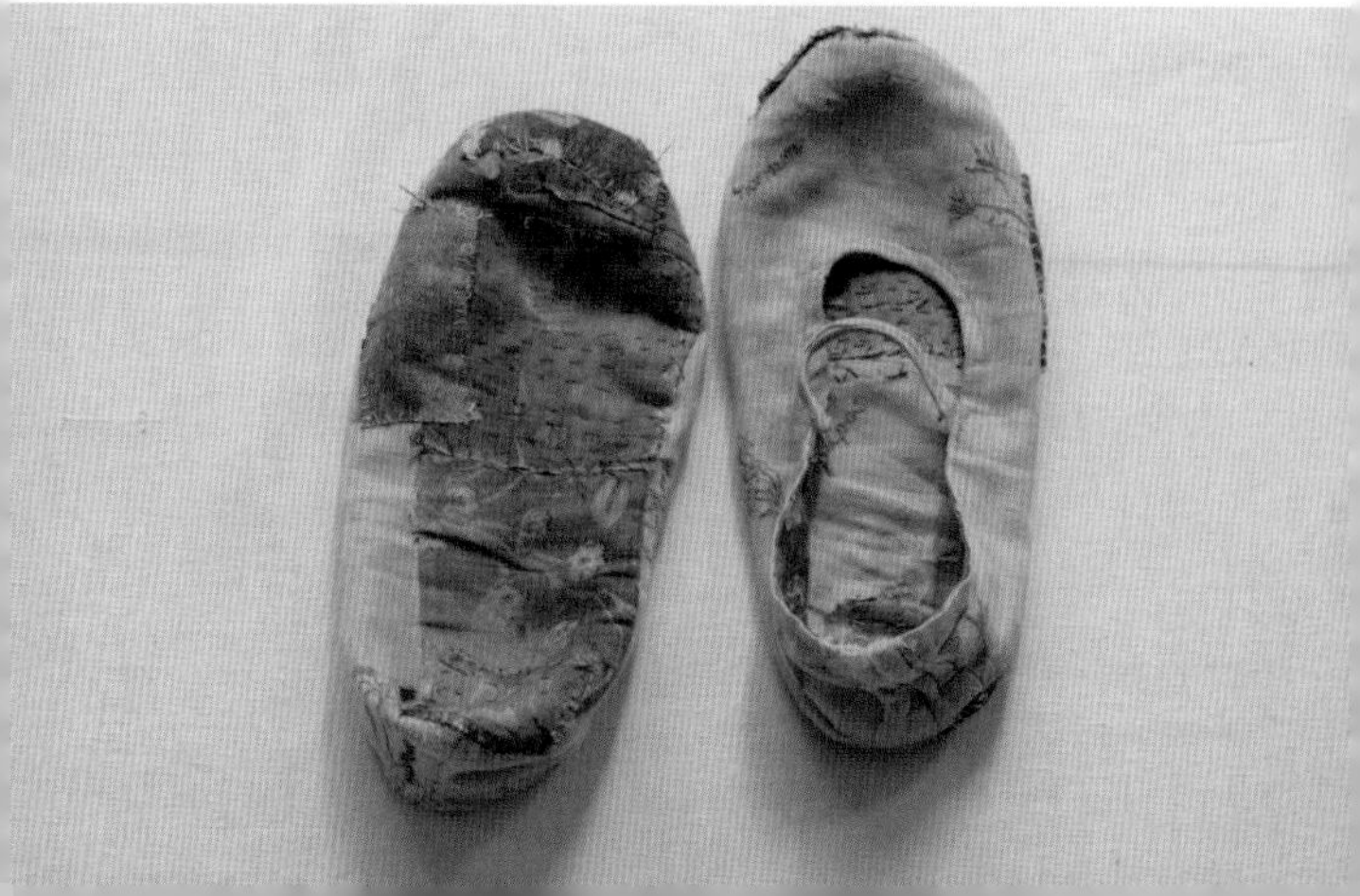

Part 3

シンプルに考える

モノだけでなく、自分にとって
いらないと感じる思考も手放しています。
毎日を曇らせるネガティブな
思い込みやとらえ方は手放して、
心も軽やかに生きていきたい。

いらない思考は手放す

たくさんのモノを抱え込んでいると新たなよいモノが入ってこないように、たくさんの思考を抱え込んでいると本来入ってきてほしい考えが入ってきません。未来を考えすぎての不安・心配や、過去に縛られてのイライラ・モヤモヤをため込んでいると、楽しいことや、心地のよい感情を見逃してしまいます。

ため込むべきではない感情とは

悲しいことがあったときに悲しむのは当然で、ムダな感情などではありません。でも、アルバムには楽しい思い出の写真しか入れないように、脳内のアルバムにもいい思い出をためていきたい。なにもいやな感情を、たくさん記憶しておくことはないと思います。

そして自分の望まないことに対する、恐れや不安をいつまでも考え続けることも避けたい。例えば育児中に働こうと思ったときに、「就職先が見つからないのでは」「保育園に入れないのでは」と悪いほう悪いほうへと考えてしまうと心が苦しいし、判断や行動に偏りが出てしまう気がします。自分にできる限りの就活、保活をするしかなく、あとは成果が出ることを信じて待つ。先のことに対する心配を必要以上にしてしまったとき、何かモノゴトが改善したという試しがないのです。

禅には「一行三昧（いちぎょうざんまい）」という言葉があります。

先のことを気にしすぎず、今ここに集中して余計なことを考えないという教えです。引き寄せの法則でも言われていますが、悪いことばかり考えて心配をしすぎると、その悪い結果を引き寄せてしまうのではと思うのです。

負の感情からはフォーカスをずらす

それでも、ついつい悪い想像ばかりしてしまうときは、「自分は今落ち込んでいるなぁ」と、負の感情でいることをまず認めます。それから、「じゃあどうなりたいのか」「何を望んでいるのか」に意識を向けるようにしています。

例えば自分のダメな部分に落ち込んでいるなら、「なるほど、自分のこういうところが嫌いなんだなぁ」「だから落ち込んでいるのか」と客観的に見てみます。そのうえで、それなら自分はどうなりたいのか、どうすればうれしいのかを考えます。「こんなふうになりたいな」「こんなふうだったらうれしいな」というふうに。するど、徐々に心が軽くなっていくのを感じます。

フォーカスを「希望」にあてるようになって初めて、「不安」「落胆」ばかりを考えていると望むようにはならないのだと気づきました。

あれこれ心配ばかりしているのなら、「もっと楽観的になりたいな。心配しないでいるのはラク。安心する感じはとても心地がいい」と望むほうへ意識を持っていってみてください。人は見ているほうへ進むもの。自転車の練習でも、溝に落ちたくないあまり溝ばかり見ていると、結果落ちてしまいますよね。進みたいほうこそ、見るべき場所だと思うのです。

今の仕事が好きになれなくて悩んでいるなら、「好きになれたら楽しいだろうな」「上司は気に入らないけど、この間こんな頼れることもあったよな」などなどプラス面を意識します。不満の反対側にある、「自分の求めていること」に気づく。その小さなステップを踏むだけで、自分が「じゃあ何をすればいいのか」も明らかになってきて、その後の展開がプラスに変わっていきます。ネガティブになるのは自然なこと。でもそれをいつまでもグルグル考えるのではなく、望むことへと意識をシフトすることが大切だと思います。それは人生全般、すべての悩みの解決策になるような気がします。

モヤモヤの反対側にある「望むこと」を時には書き出して、必要のないマイナス思考は穏やかに手放すようにしています。

固定観念にとらわれず、余計なコトはやらない

家計簿はつけない

結婚してからしばらくは、家計簿をつけていました。レシートをためて、帳簿につけて、計算して、ため息をつく……本当に負担でした。つけるのをさぼれば自己嫌悪に陥り、出費が多ければ焦り。これだけ手間と心を割いているのに、節約ができていたかといえばそうでもありません。私にとってはマイナスの要素しかありませんでした。

一家の主婦たるもの家計簿をつけなければ、というのが一般的なのかもしれません。けれど、負担でしかないならやめてもいい

と思います。私の場合は、やめても経済的にマイナスになるということはありませんでした。時間と心の余裕ができ、やめてよかったとつくづく感じています。

お金も、モノと同じように放てば入ってくるというのが今の私の考え方です。もちろんムダ使いをしようというのではなく、きちんと選んだモノに対してお金を使うことは経済のよい循環に貢献すると思います。「払う価値がある」モノに、「払ってよかった」と感じながら使うのが心地よい。お金が減ったといやな気持ちで使うのではなく、「これでいいモノを手に入れられた」「おいしいモノが食べられた」とプラスの気持ちでお金を使うよう心がけています。減ることばかりにフォーカスを当てず、得るモノを意識して感謝する。そうすることで、豊かさは必ずやってくると思います。

家計簿をつけない代わりにやっているのは、クレジットカードではなく現金で払うということ。1週間に一度、特別な予定がない限りは固定額をATMから引き出し、その中でやりくりする感覚を身につけました。するとおおよその家計の収支が肌感でわかりますし、お金を払う喜びやありがたみを得られます。その程度の「ざっくり」管理が、私には向いているようです。

違和感のある仕事はしない

仕事の依頼をいただくと、以前は、「せっかくいただいたし」「断ったら悪いし」「収入になるから……」とすべて引き受けていました。けれど、時には違和感を受ける仕事も。

それは、とある雑誌からの取材依頼でした。発行数の多い有名な雑誌でありがたいと思いましたが、その内容は私が暮らしの中で実践していることとは相反するテーマだったのです。掲載されればメリットは大きいかもしれない。けれど結局、心の中に生じた違和感を信じてお断りすることにしました。するとその直後、私がまさに実践していることをテーマとした別の取材依頼が来てビックリ！　自分の判断は正解だったとしみじみ感じました。

今では、自分に合わない、無理していると感じることはしないと決めています。それは仕事に限らず、暮らし全般に言えること。「しないコトを決める」は、「持たないモノ、買わないモノを決める（P146）」と同じ思考かと思います。何を決めるにも、軸は「自

分にとって心地よいコトか」。それが何より大切で、自分にとって
の正解だと思っています。

場所をとり掃除の手間がかかる水きりかごや、大きいサイズのまな板は手放しました。負担を感じたら本当に「絶対必要な」モノ・コトか疑ってみては。

一番大切なのは、機嫌よくいること

人生山あり谷ありとはいえ、本音を言えば、人はいつも幸せでいたいのだと思います。幸せの定義はさまざまですが、他人からどう見えようと本人が幸せを感じていれば、それは幸せ。私なりに突きつめてみると、幸せとは「いい気分でいる」状態だと思います。宝くじで1等が当たったとしても、イライラすることばかりなら幸せとは言いがたい。逆に、お金持ちではないけれど毎日充実していて楽しいな、と感じているなら幸せですよね。

だからこそ、何か気分よくいられないモヤモヤがあるときには、そのままにせずちゃんと対処していきたい。モヤモヤは、事象そのものに問題があるケースばかりではありません。なかには、自分が「何かの思い込みにとらわれている」「とらえ方が偏っている」場合もたくさんあると思うのです。例えば「同僚にいやなことを言われた。自分は嫌われているのでは」とモヤモヤしたとき。そのままの気持ちですごせばいい気分にはなれませんし、「いいや、好かれている！」と根拠なく思うのも無理があります。そんなときは、「自分は嫌われているのでは」の感想の部分を一度削除。「同僚にいやなことを言われた」の部分を客観的に見て、自分にとって都合のいいようにとらえ直してみます。「仕事が遅い」と言われたなら、「このままじゃ上司から目をつけられちゃうから、もっと頑張って！」という意味かもしれない、と。「付き合いが悪い」と言われたなら、「私ともっと仲よくしたいのかな」というように。

これは、「それが真実かどうかはさておき」でかまいません。なぜなら、相手の言うことを好意的に受け取るのは相手のためではなく、あくまでも自分のためだからです。モノ、場所、コトのどれにも当てはまるように、人にも「いいところを見つけて意識をすると、それが広がる」は当てはまると思います。一度「実はあの人、私と仲よくしたいんじゃないの」「本当に仕事のことを考えているんだ」と思ってしまえば、心に余裕をもって相手の言動を見ることができます。一方で、とらえ方をシフトすることなく「嫌われている」で済ませてしまうと、相手のどんな言動も自分へのあてつけや悪意にとらえてしまいがち。それはお互いの人間関係を悪化させ、「いい気分」からどんどん遠ざかっていってしまいます。相手のあることなので、簡単にとらえ方を直せるとは限りません。それでも意識して、シフトする練習を重ねてきました。

禅の言葉にも、「壺中日月長(こちゅうじつげつながし)」というものがあり、壺の中のような限られた世界でも、心の持ち方次第で狭くも広くもなると説いています。心が楽しんでいれば時間は悠久であり、無限に精神を遊ばせることができる。自分の考え方次第で、同じことがよくも悪くも感じられる、と。モヤモヤを自分の気持ちがいいようにとらえ直すことができれば、気分が上向きになります。これは私の実感なのですが、プラスの出来事が舞い込んでくるのは、いつも機嫌のいい状態のときである気がします。探していたモノが見つかったり、やってみたいと思っていた仕事が舞い込んできたり。

機嫌よくいられることに、専念する。突きつめれば「考える」という行為はそのことのためにある気がします。

よい感情を味わう

毎日、ことあるごとに自分の感情を確認します。目を閉じて、「今日食べたスイーツは本当においしかった、また食べよう」「さっきのテレビ面白かったな」など、プラスの感情はちょっと長めに味わいます。3秒で思い終わるところを、10秒にする感じ。すると、些細なことも本当に幸せに感じ、「本当の私はここだ」「こんないい気分でいる自分が本来の姿だ」と感じるのです。そして何より、1日の中でうれしい時間が長くなるのは喜ばしいこと。

この習慣があると、モヤモヤに敏感になるのもメリット。モヤッとした瞬間にすぐ気づき、そのつどとらえ方の方向転換ができるのです。ネガティブな感情ばかりを噛みしめていると、ちょっとしたモヤモヤに気づきにくくなるかもしれません。

手を抜く

毎日が忙しいと、どうしても心の余裕がなくなります。すべての家事に育児に全力投球をし続けていれば、心身ともに疲れて機嫌よくいることが難しくなってきます。だから大切なのは、手を抜くこと。「手抜き」は恥ずべきことではなく、自分と家族のための手段です。

例えば疲れた日の夕飯は、お惣菜を買ってきてもいいし、出前を取ってもいい。作るなら、簡単なパスタ1皿の夕食だっていい。座り込みたい気持ちにむちを打って3品を作り、子どもにカリカリしてしまうよりも健康的な気がします。

もともと私は、学生時代の家庭科の成績が「2」という、家事に向いているとはとても言えない人間です。手先は不器用だし、料理上手でもない。結婚当初は、きちんとやらなければと頑張るあまり、心身ともにくたびれ果てていました。そんな状態から脱したのは、家事が苦手な自分を認めてマルをあげてから。「料理が苦手なんだな。まぁそれでいいや、簡単なモノを作れば」「片づけが苦手なんだな。まぁいいや、モノを減らせば大丈夫」というように、「凝った料理」や「モノ」を手放して手を抜いたのでした。

料理、洗濯、掃除……上手い下手は関係なく、楽しんでこなせるならそのほうがいい。家事は毎日のことだから、心身を張りつめて苦手なことを続けるよりも、楽しくゆるくやればいい。掃除はそこそこやればいいし、タオルも毎日洗わなくていい。これが私のスタイルです。

「こうあるべき」「こうしなければいけない」は、国によってはまったく逆のことを言われる場合もあります。それならば、自分流で。自分がわれを忘れることなく、自分本来の姿でいられるように取り組めばいいと感じています。

朝食のテーブルには、「炒り卵をフライパンごと」「サラダをタッパーごと」出して、家族それぞれがプレートに自分で取ります。家族は好きなだけ取れるし、ママはラク。

ダイニングテーブルなどみんなで共有するスペースにモノは置かないルールです。モノがなければ片づけの手間がいらず、いつも気分よくいられます。

家族にも寄りかかりすぎない

夫は出張が多く、以前はつらい思いをすることもありました。なぜ私はひとりで育児をしているのだろう、大変すぎる、幸せどころではない……と。つまり私の幸せは、「夫がいない＝幸せではない」と常に夫に左右されていたのです。

そんなとき、『サラとソロモン』という本に出会いました。そこには、自分を幸せにできるのは自分だけであり、モノゴトをどうとらえるか次第であると書かれていました。そうか、1つの事象にもとらえ方は無数にある。どれだけ単純なことでも、見る角度によってまったく違うものになることもある。その本を読んだことで、「どうせなら自分が幸せだと思えるとらえ方をしよう」と、前向きになれたのです。

夫がいないのは「欠けた状態」なのではなく、「一生懸命働いている」状態。「私が大変なのは夫のせい」ではなく、「育児は大変なもの。でも楽しいことも幸せなこともたくさんある――」と考え方を変えました。すると、夫に寄りかかっていた心の重心が、自分の軸へと戻ってきてスッとラクになったのです。寄りかかろうとすれば重心が傾きます。私は傾きすぎて、倒れそうになっていたのでした。もちろん、ワンオペ育児は推奨されることではありません。母親ひとりが負担を抱えて子どもを育てる社会は何か違うという気がします。ただ、自分の状況のなかでできたことは、自分に負担の少ない考え方をすることで、今この時を幸せに暮らそうとすることでした。

夫婦は別人格

相手に期待をしすぎると、期待どおりに相手が動かない場合に怒りや落胆が生じます。私の夫は外国人ということもあり、思ったようにいかないときも「相手は異文化で育った人間だ」と、割り切っている部分があります。でもそれは、日本人同士でも同じことなのかもしれません。違う環境、違う親のもとで育った相手は、自分とは別人格で価値観が違うのも当然。価値観を押しつけることも、自分が我慢して合わせることもないと思います。

禅の言葉にも「柔軟心（にゅうなんしん）」というものがあります。

固定観念にとらわれず自由な心で、広い視野からモノゴトを見ましょうという教え。目指すのは、自分が正しいと思い込むことも、他人に価値観を押しつけることも、無理に相手に合わせることもないやわらかな心です。

「寄りかかる」と「頼る」の違い

とはいえ、一緒に暮らしていると相手に希望を伝えなければ不都合なことも出てきます。そんなときには怒りのわいている状態では言わず、時間をおいてから落ち着いて話せるときに意見や要望を伝えるようにしています。

人に「寄りかかる」と「頼る」は違うと思うのです。寄りかかるのは、「相手がこうしてくれないといや」「こうしてくれれば私は幸せ」という依存した考え方。一方頼るのは、「こうしてほしいと相手に伝え、信頼して任せる」行為。でも決して、相手をコントロールしようとはしない自立した考え方だと思います。そもそも、他人を変えようとするのはものすごく労力とストレスがかかることです。それは何度も経験して、失敗済み。人は誰でも他人から変えられるのはいやで、そのたくらみを感じれば反発します。だから、まず、「他人は変えられない」「他人はあるがままでいい」と認めること。誰かのことを考えるより、「自分はどうするか」を考えるほうがよほど大切。いつも、軸は自分。自分に専念し、自分が機嫌よくいること。機嫌よくさえいれば、他人によい影響を与えます。人間関係において、それ以上に大切なことはないと思います。

SNSや保護者同士のほどよい距離

SNSとは一定の距離を保つようにしています。以前はフェイスブックをついついのぞき、時間を取りすぎていました。そこでアイコンをスマホの後ろの目につかないページに移動し、更新やチェックは1日に1、2回と決めました。振りまわされることなく、かつ大切な人とはつながるちょうどよい距離感になっています。

また、ラインはしていません。次男の保護者のグループからお誘いを受けましたが、幼稚園の情報は親しいお母さんやお迎え時の立ち話で入手できるし、何かをしているときにポンポン受信していると気になって振りまわされてしまう気がします。グループに入らなくても、自分の好きな友達がいれば十分です。

モヤモヤが続くときは

いやな気分がダラダラと続くのは、「その考えのやめどき」というサインだととらえています。いやな気分はさらにまたいやな気分になるコトを引き寄せてしまうと思うので、そうなる前に気分転換。夫はリフレッシュのためにテレビを見ますが、私は雑念がわいてしまってダメ。次にご紹介するさまざまな方法でリセットしています。

●**歩禅**《ほぜん》　モヤモヤから脱したいときは、家でじっとしているよりも表を歩くほうが簡単にスッキリできます。いつの間にか問題に対し、ポジティブに向き合い気持ちが上向きに。また、あれだけ心が乱れていたのに、今は「無」だなと感じるときもあります。座禅に対し、「歩禅」という言葉があることに納得してしまいます。

調べてみたら、歩いていると15分ほどでエンドルフィンという痛みやストレスを軽減する脳内物質が出てくるそう。さらに20分でやる気につながるドーパミン、30分で安らげるセロトニンが出てくるのだとか。科学的にも納得のいく話なのですね（諸説あります）。

私はだいたい、毎日のスーパー通いを歩禅にあてています。少し遠まわりをして10分から20分程度ですが、歩いていると本当に気持ちがいい！　運動も買い物も兼ねられて言うことなしです。

●ボーッとする時間を持つ　何か気にかかることがあるときは、意識してボーッとします。ボーッとそのことを考えるのではなく、思考に焦点を合わせずに流していく感じ。瞑想は本当に心を無にするものですが、私には難しいのでその代わりです。温かい紅茶を飲みながら、公園のベンチに座りながら、ソファに寝転んで窓からの風を感じながら――目をつぶって大きく深呼吸をし、できるだけ無心になります。心がスーッと軽くなり、気持ちをリセットできます。

●寝る　私の場合は、電車やバスで5分居眠りするだけでも気持ちがスッキリ。気持ちをうまく切り替えられない日は、子どもと一緒に早い時間に寝てしまいます。翌朝には、だいたい心が軽くなっています。

●考えるのは早朝に　夜は疲れているし、感傷的になりやすいので考え事には向かない時間帯かもしれません。「こうなったらいいな」ということを、朝の早い時間帯に思い描くようにしています。するとその1日に勢いがつき、前向きにすごせる気がします。

●距離を置いてみる　いくら落ち着こうと思っても、それでも相手にイライラしてしまうことはあります。夫に対してそうなったときは、外出して少し距離を置くようにしています。緑の中を歩き、好きなお店をのぞいたりしているうちに、気持ちが落ち着いてきて夫ときちんと話せる状態に。

実際の距離だけでなく、友達に電話をして大笑いする、音楽を聴きながら掃除をしてスッキリするなど、心を一度相手から離してクールダウンすることも。うまくリセットできると、なんであんなに些細なことで怒ったのだろうと笑ってしまうこともあります。

●フレーズを持つ

気持ちを切り替えるスイッチとなるフレーズがあると便利です。私の場合は、「まぁいいか」。モヤッとしたときに「まいっか！」とつぶやくと、もんもんと悩み始めてループに陥るのを防いでくれます。

●モノを捨てる

モノを捨てたり、部屋を片づけるのも効果的。部屋と一緒に気持ちの中まで片づけたかのようなスッキリ感です。新たな気持ちになり、前向きに進んでいこうと思えます。

歩禅は毎日の習慣。緑を眺めながら足を動かしていると、ネガティブな方向へは思考が向きません。

直感を信じる

何か気になること、ピンと感じることがあればすぐに行動に移すようにしています。雑誌で気になるお店を見たら、メモを取ってなるべくすぐに行きます。家事をしていても、仕事中でも、直感的に「今お茶にしよう」「ニュースをチェックしよう」「写真を撮ろう」と思えばすぐに行います。すると不思議と、気になっていたことが解決したり、後から仕事に貢献したり、いいアイデアが浮かんだりと、ほぼプラスにつながっているのです。

このようなことは、部屋が散らかっているころにはできませんでした。モノに翻弄され、体がだるくて疲れも取れず、休みの日には1日じゅうゴロゴロ。ピンと直感が降りてくるなど気配もありませんでした。モノが減って雑念が減ったことで、行動につながる直感が働くようになったのです。直感は潜在意識からやってくるもので、誰でもそこにつながることができるそうです。つながっていないというのは、ネットにつながっていないスマホのようなモノで、使えるはずの機能が使えない状態だとか。それはなんだかもったいないし、自分にあるはずの機能ならぜひ使いたい。

過去や未来にとらわれずモノを減らし、暮らしをシンプルでラクにしたことで、直感力が磨かれました。思考も、過去や未来、モノゴトの成否を考えすぎることなく、直感を重んじて「今ここ、目の前のコト」に集中して暮らしを楽しんでいきたい。それこそが自分のありたい姿であり、生きたい道であると感じています。

Column 4

みんなの1日1捨て

年代、性別、さまざまな方の
「1日1捨て」をちょっと拝見！

| day 1 |

懐中電灯

| day 2 |

モバイルバッテリー

| day 3 |

化粧品

| day 4 |

香水

| day 5 |

日焼け止め

| day 6 |

ボディクリーム

20代女性

化粧品を買うのが好きなのですが、似合わないモノ、古くなったモノも多く、これを機にまとめて手放すことに。収納スペースにゆとりができてモノが取り出しやすくなったので、メイクの時短にもつながりました。

day 7

ギターの弦

day 8

ブランド品の箱

day 9

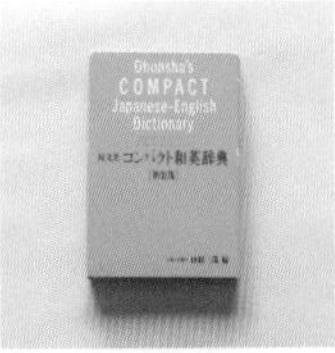

和英辞典

day 10

浴衣

day 11

洋裁用の布

day 12

トートバッグ

30代女性

引っ越しをして、子どものもう使わないモノや、若かりしころの思い出のモノなどがたくさん発見されました。実際に使っていないモノは減らしていき、せっかくの新居をスッキリさせたいと張りきっています。

| day 2 |

年賀状

| day 1 |

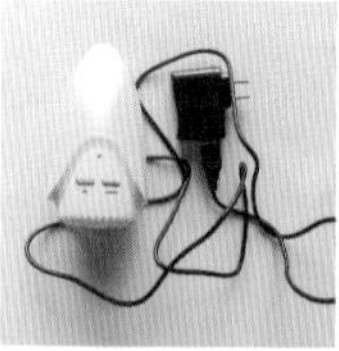

アロマディフューザー

| day 4 |

日焼け止め

| day 3 |

旅行土産のお面

| day 6 |

財布

| day 5 |

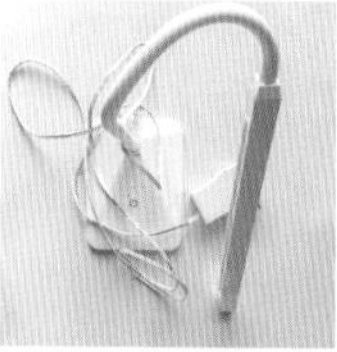

卓上ライト

| day 7 |

空き缶

| day 8 |

製菓材料

| day 9 |

子どもの帽子

| day 10 |

子どものカードゲーム

| day 11 |

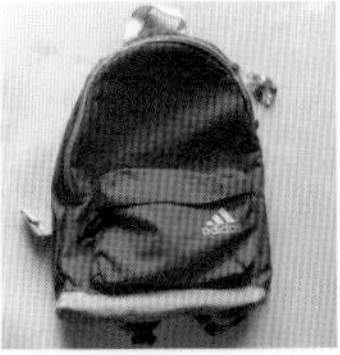

子どものリュックサック

| day 12 |

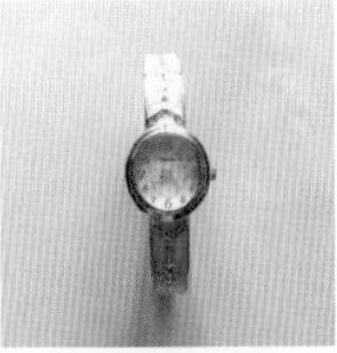

腕時計

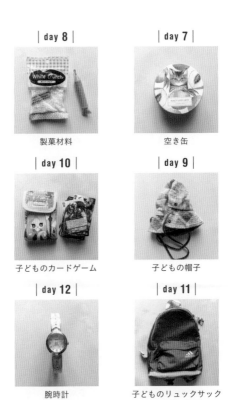

40代男性

昔使っていたモノを取っておきがちです。けれどパソコンまわりやガイドブックは新しいモノが出ているし、何年持っていても古いモノは使いません。「まだ使えるから」は結局使わないと実感して手放しました。

| day 1 |

パソコンソフト

| day 2 |

フェイスタオル

| day 3 |

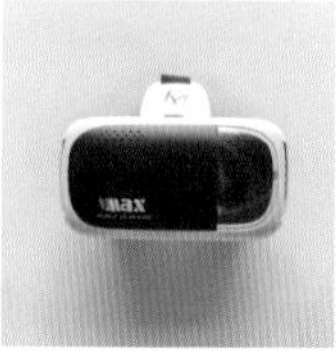

VR ゴーグル

| day 4 |

ガイドブック

| day 5 |

パソコンの参考書

| day 6 |

栄養剤

| day 7 |

湯のみ

| day 8 |

Ｔシャツ

| day 9 |

靴下

| day 10 |

スウェットパンツ

| day 11 |

ノートパソコン

| day 12 |

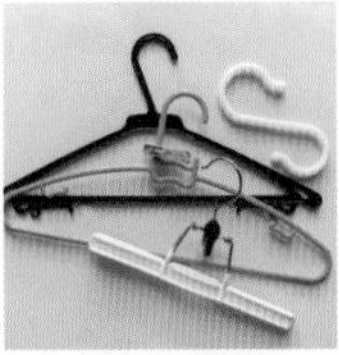

ハンガー

50代女性

昔はしょっちゅう家にお客さんを呼んでお茶をしたけれど、最近では地域・時代的に習慣が変わり、会うとしても喫茶店でとなってきました。以前は使っていたお客さま用のモノが、もう不要だと気がつきました。

| day 2 |

ハンドクリーム

| day 1 |

口腔ケア用品

| day 4 |

菓子入れ

| day 3 |

スキンケアクリーム

| day 6 |

菓子盆

| day 5 |

ラジオつき懐中電灯

| day 7 |

マグカップ

| day 8 |

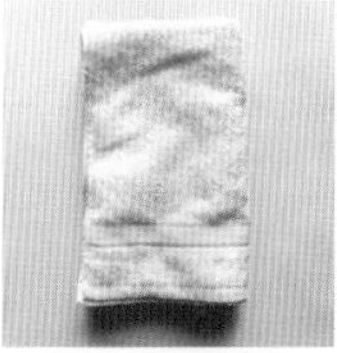

フェイスタオル

| day 9 |

DVD ディスク

| day 10 |

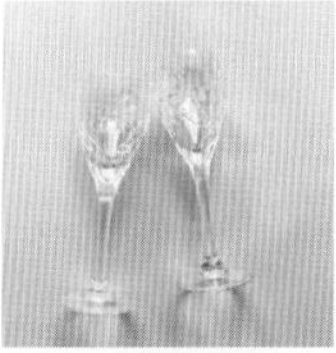

ペアグラス

| day 11 |

おんぶひも

| day 12 |

眼鏡

60代女性

洋裁が趣味なので、関係するモノがどんどん増えました。モノが増えると作業台が埋まってしまい、洋裁をしにくいので手放すことに。もとからそれほどモノ持ちではないのですが、よりスッキリした家に。

| day 2 |

なげし用フック

| day 1 |

折り畳み傘

| day 4 |

ミトン

| day 3 |

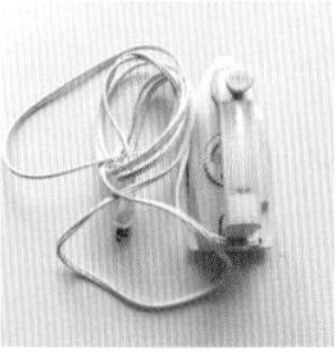

アイロン

| day 6 |

靴下

| day 5 |

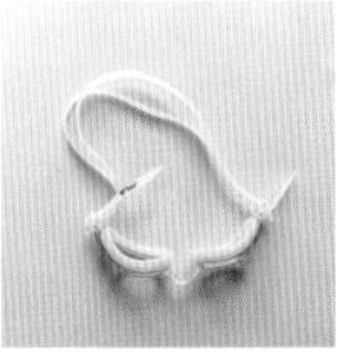

ゴーグル

| day 7 |

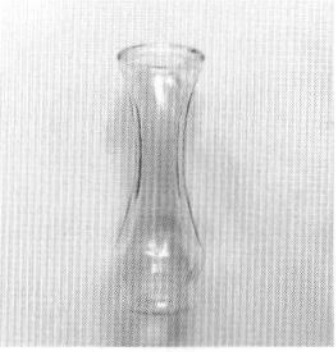

花瓶

| day 8 |

空き箱

| day 9 |

ヘアワックス

| day 10 |

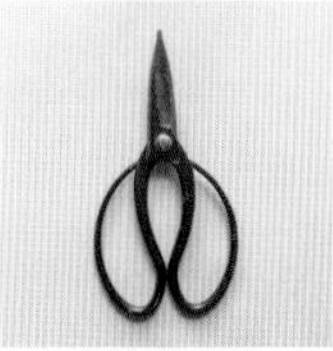

園芸ばさみ

| day 11 |

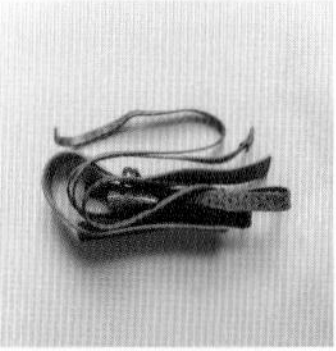

革細工の材料

| day 12 |

ポストカードと額

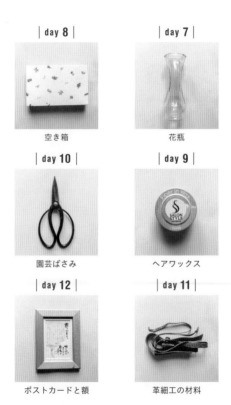

70代女性

家の中の景色になじんで、古びていても「なんとなくずっとある」モノの存在に気づきました。1つずつ手放していくうちに、「これはいらないかな」と考えられるようになったモノがたくさん出てきました。

| day 2 |

パジャマのズボン

| day 1 |

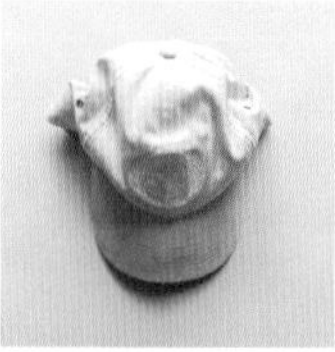

キャップ

| day 4 |

青竹踏み

| day 3 |

陶器の人形

| day 6 |

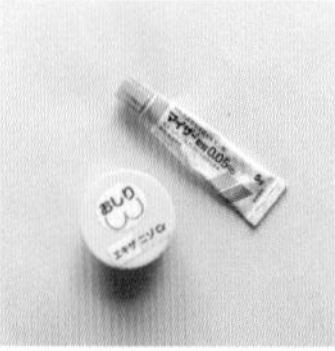

薬

| day 5 |

本

| day 7 |

万歩計

| day 8 |

習字道具

| day 9 |

ウエストポーチ

| day 10 |

じょうろ

| day 11 |

灰皿

| day 12 |

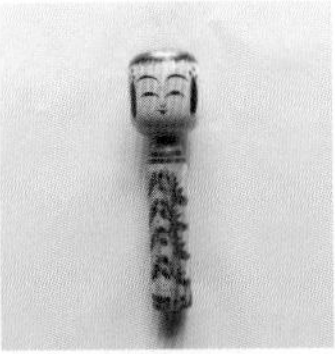

こけし

手放したモノリスト

1日1つ手放したモノを記入するリストです。コピーして繰り返し使うのがおすすめ。まずは1ケ月、続けてみてください！

date	item
/	
/	
/	
/	
/	
/	
/	
/	
/	
/	
/	
/	
/	
/	
/	
/	
/	
/	

date	item
/	
/	
/	
/	
/	
/	
/	
/	
/	
/	
/	
/	
/	

ここをチェック！

玄関

☐下駄箱
☐飾り棚
☐クローゼット

ダイニング

☐テーブルまわり
☐棚
☐引き出し

リビング

☐テーブルまわり
☐テレビまわり
☐本棚
☐引き出し
☐おもちゃ箱

キッチン

☐水まわり
☐コンロまわり
☐調理スペース
☐引き出し
☐棚

寝室

☐クローゼット
☐棚
☐引き出し

おわりに

「スッキリとシンプルに暮らしたい……」

私のブログやインスタグラムで、そのようなメッセージやコメントを多くいただきます。シンプルな暮らしとは、余計なモノがなく、本当に自分が好きなモノだけがある暮らしだと、私は思います。

スッキリとしたシンプルな暮らしは、誰でも簡単に実現することができます。1日1つずつ余計なモノを手放していく。すると自分の好きなモノだけが残る。たったそれだけのことなのです。

1つずつ、少しずつ。ちょっぴり時間はかかるかもしれませんが、それはきっと、とっても楽しい作業になるはずです。手放す過程も楽しんで、一緒に楽しいシンプルライフを目指していきましょう！

最後に、本書を素敵な一冊に仕上げてくださった編集の植木さん、小松崎さん、ライターの矢島さん、カメラマンの中島さん、デザイナーの後藤さん、そして、いつも応援してくださるみなさまに心から感謝いたします。

みしぇる

本書は、『1日1つ、手放すだけ。好きなモノとスッキリ暮らす』
（2017年9月／小社刊）を再編集し、文庫化したものです。

みしぇる

1978年、山形県の禅寺に生まれる。子供は3人。転勤により、ハワイ、神奈川県葉山町、カリフォルニアなどで暮らす。現在は神奈川県横浜市在住。著書に『毎日すっきり暮らすためのわたしの家事時間』(エクスナレッジ)などがある。自身初の引き寄せ本を発売予定。

「いい気分」のある暮らし Feeling Good Life
https://ameblo.jp/happymichelle24
instagram @ura_ura_days

底本STAFF

ブックデザイン	後藤美奈子
撮影	中島千絵美、みしぇる
イラスト	みしぇる
校正	西進社
取材・文	矢島 史
編集	小松﨑裕夏
企画・編集	植木優帆

マイナビ文庫

1日1つ、手放すだけ。好きなモノとスッキリ暮らす

2020年4月20日　初版第1刷発行

著　者　　みしぇる
発行者　　滝口直樹
発行所　　株式会社マイナビ出版
〒101-0003 東京都千代田区一ツ橋2-6-3 一ツ橋ビル2F
TEL 0480-38-6872（注文専用ダイヤル）
TEL 03-3556-2731（販売）／TEL 03-3556-2735（編集）
E-mail pc-books@mynavi.jp
URL https://book.mynavi.jp

カバーデザイン　米谷テツヤ（PASS）
DTP　木下雄介（株式会社マイナビ出版）
印刷・製本　図書印刷株式会社

ISBN978-4-8399-7278-3
Printed in Japan